文—謝秋霞　　圖—李欽賢

車站四季

鐵　道　旅　路　的　季　節　體　驗

CONTENTS

鐵道驛舍的靈魂之窗——
戰前台灣車站小史

李欽賢

4

台灣產業的大動脈——縱貫鐵道

　　1895年5月29日，日本征台軍從澳底沙灘踏上台灣島的邊角，開啟日本統治台灣的第一步。此刻，首位總督樺山資紀仍留在停泊於基隆外海的旗艦上，等到征台軍於數日後攻下基隆，樺山總督才從基隆上岸。再隔數日，日軍已進入台北城，總督始從基隆經由劉銘傳時代闢建的鐵路直駛台北，這才發現這條鐵路的路基、設備、車況都不盡理想，使得短短二十幾公里的路程，竟然耗費半天才到達。

　　四個月後，日本鐵道工程隊抵台，重新規劃與測量台灣鐵道的南北縱貫線。這一年是明治28年，代表著日本明治維新西化政策已推行了二十八個年頭。自從1872年（明治5年），日本第一條鐵道——東京至橫濱開通後，直至統治台灣伊始，日本鐵道技術已累積二十年以上的經驗，所以開闢台灣縱貫鐵道完全毋須仰賴洋人，何況台灣又是日本有史以來第一個殖民地，日本當局信誓旦旦地欲將台灣經濟納入日本資本主義的一環。

　　於是，看準台灣經濟價值的「鐵道建設觀」於焉成型：首要之務就是先打造一條交通動脈，再根據南北互異的氣候與土壤著手產業開發，

並引進資本與技術。因此，台灣縱貫鐵道的規劃，完全在開拓與運輸並
重的觀點下進行，可說是「產業首要主義」下的地表長軌。在當時土
地、人力皆廉的條件下，十年內即完成了台灣這條產業大動脈的艱鉅工
程。

　　1908年，縱貫鐵道全線通車，北自基隆，南迄高雄，從此煤炭、砂
糖、米穀、肥料與木材，成為台鐵貨運的五大品目。隨著產地與運輸的
擴大和延伸，各地支線又在幾年內陸續開通。從產地與產量的分佈來
看，縱貫鐵道北段連結礦區，中南段直通糖廠及貫穿米倉，所以在軌道
上流竄的黑色「大爬蟲」，自來即以貨車為主，成為台灣鐵道的一大特
徵。

　　因此，台灣鐵道可說是經濟發展的重要功臣，台鐵支撐著台灣產業
的流通，把米、糖、木材運出海外，將肥料運輸進來；至於煤炭，則能
夠自給自足。縱貫鐵道上的幾座大車站，如基隆、台北、台南、高雄，
因接駁港灣運輸之地利，均以貨物到著站著稱；反之，中南部各站，因
屬米糖產地，發貨量大，所以有豐原、彰化等地的設站。

鐵道建設的靈魂之窗——車站

　　經濟開發帶動人口的集中，商業往來促成城鄉人口的移動，負笈外

第一代台北車站

地也造成青年人口出走他鄉。車站與人的關係，遂被賦予一層新的意
義。車站是城鎮的玄關，是家庭的延長，是遊子鄉愁的幻影，直至今
天，又加上一層文化的意義。

　　鐵道的發達，提供了前所未有的安全、迅速與廉價旅行的可能。作
為鐵道之窗的車站，是人們行動範圍擴大的起點，也是遊子倦鳥歸巢的
終點。大小城鎮的車站，不僅是當地的地標，也是人們可以自由進出的
公共領域。

　　這樣的公共空間，隨著鐵道伸進生活，從而影響了很多人對自己的
認知、對風景的知覺、對異域的距離、對時間的認識，說穿了也就是促
使人們迎接新的生活方式，將之融入社會制度。無疑的，這一切皆從車
站開始。

　　擁有生活情報與生活機能的車站，是縱貫鐵道通車後台灣人的新社
會體驗。鐵道提供人們南北奔馳的可能，無遠弗屆，可說是標誌著行動
大自由時代的來臨，只要握有一張車票，幾乎不分性別、職業與身分，
人人平等，車票無記名。一介庶民若購得一張頭等車票，就可以享有頭
等車廂的待遇，此乃平等的原理。

　　購票時確認發車時刻，排隊買票、排隊上車，也是近代化社會生活

必須遵守的遊戲規則，從而推翻農業社會較粗略的時辰觀念，進入以「分」為單位的精密計時時代。一天二十四小時，每小時六十分鐘，當手錶尚未普及的年代，車站正中央總掛著一口大鐘，成為人們上班、上學、約會、搭車的重要依據。

　　從這個車站到另一個車站，空間擴大了，時間卻縮短了。鐵道發達帶來便利的交通，多少青年因而有機會由窮鄉僻壤來到鄰近的大都市，接受高等教育，躍為社會菁英，進而帶出台灣文化向上提升的力量。台籍前輩醫生、美術家、音樂家、小說家，以及遍佈全台各地的教師，無不透過縱貫鐵路載運他們前往大城市求學，進而出國留學。異域的衝擊與倍增的視野，使得上進的管道能在最短的時間裡達到最遠的距離，終於學有所成，立足社會。

　　舉凡時間觀念的革新、秩序觀念的建立、平權觀念的醒覺、行旅遷徙的自由，乃至公共空間的進退，是台灣近代化累積的文明成果。人與社會的互動在循序漸進中改變，也成為台灣社會體質進步的基礎。凡此一切，都是世人與車站共生的正面意義。

台灣驛站的誕生——鄉土記憶

　　台灣縱貫鐵道是日本人建的，沿線車站都是在1908年全線通車前，

基隆車站

以分段區間開通的方式正式營運,因此台灣的鐵道驛站建築也出自日本人手筆。比方說,基隆、桃園間率先通車,基隆、台北等最早的大站已經蓋得美輪美奐;高雄、台南也是先行通車,造型既古典又浪漫的第一代台南站早已屹立於南台灣。

這些日本建築師所創造的精品,事實上設計者已是日本鐵道驛站建築第二代的能手。日本鐵道史上第一代車站建築,其實是外國人設計的,經過二十年左右的技術轉移,日本新生代建築師初試啼聲的洋風作品,恰巧趕上1908年台灣縱貫鐵道通車,因而得以轉戰台灣大顯身手。

此時正值日俄戰爭(1904年～1905年)之後,日本國力達於頂點,國內鐵道運輸量大增,舊有驛舍不敷使用,各地皆興起車站改良工事。由於日本建築師習得洋風技術已臻成熟,古典歐風的新文藝復興式樣大為流行,此波建築新款風潮吹進台灣,成為基隆、台北、台南等大站的第一代驛舍形式;只是這些最古老的精美驛站,終敵不過汰舊換新的命運,早在戰前就遭到拆除重建的命運。

第一次世界大戰(1914年～1918年)期間,日本製產品取代歐洲在東亞的市場,獲致空前景氣。台灣縱貫鐵道也在這一波景氣中,輸運量激增,原有的山線鐵道坡度過陡,已不敷壓力,於是新建平坦的海線,於

日本上野驛

1922年竣工。

　海線的通車仍以貨運為主，載客為副，因此出現簡易標準形式站房設計，概以日式木造為主體；幸運的是，今天仍留有談文、大山、新埔、日南等小站，供我們追索海線諸站的貨運功能，以及精巧玲瓏的標準型站體。

　隨著縱貫鐵道貨物輸運量日增，連串商機的旅客輸送大站，也面臨改建之需。來台的日本建築師新設計的新竹、台中兩大站，分別於1913年以及1917年落成，依然維持明治末期古典浪漫風格的磚石砌造鐘塔洋樓建築式樣，為台灣經濟轉型期驛站造型的最後代表性傑作。此一時期正值日俄戰爭後到第一次世界大戰之間（1908年～1918年），台灣總督府財政初嚐自給自足的甜頭，鐵道部開始有餘力配合台灣商業大城，進行大規模都市計劃，並將車站改造成都會指標性地景之一。值得慶幸的是，新竹、台中兩大站都未經破壞地保存至今。

　第一次世界大戰結束之後的第五年，亦即1923年，日本發生關東大地震，房屋倒塌無數，死亡人數超過十萬。如此空前的大災難，證明了明治末年流行的磚造洋樓經不起地震考驗，並適時崛起新建築觀，蔚為

日本建築界的「分離派運動」；這是一種首重機能主義的建築學派，主張建築應從古典式樣分離出來，省略華麗裝飾，趨向直線水平構成，材料為鋼筋水泥。驛舍建築在此理念下，認為車站並不是要住人的，寧可視作通道的功能，所以基本要素是單純、順序、快速與合理。

是以日本新一代的水泥站房，成為1930年代改建時的重要特徵，如大站性格的上野驛、神戶驛、小樽驛等，概屬簡潔、水平的長方形建築。

而這一波建築理念的引進台灣，也是導因於1935年台灣中部發生大地震的殘酷教訓。即使是縱貫鐵道沿線小站的重修，也都採平頂水泥長方形格局，規模略小，但功能十足。1935年前後竣工的造橋、銅鑼、泰安、清水、二水、橋頭等地方性車站，皆各有迴廊、廊柱及合理的旅客出入動線，麻雀雖小，五臟俱全，此番格局又是一種標準型設計的水泥站房新趨勢。

將機能主義運用到縱貫鐵道沿線大站，最著名的遺例就是嘉義車站與台南車站，這兩座車站同屬水泥貼淺色面磚，造型之特殊，足以撐起城市地標景觀，提供居民永遠的共同記憶；嘉義站於1933年竣工，台南站則落成於1936年。這兩座新造驛站，屬台灣鐵道史上引進機能主義，表現最為出色精美的傑作。

1940年代，日本發動太平洋戰爭，台灣全島實施戰備體制，縱貫鐵道負擔起軍需品南運的主要任務，沿線大小車站無不草木皆兵。嘉南平

日本舊長野驛

原是米、糖最大的產地，高雄又是日本南進政策的基地，驛站改建也須顧慮特殊狀況的供需。

　　縱貫鐵道通車初時，並非旅客型運輸鐵道，所以客貨車增備量的比例懸殊甚大。1937年時，台灣鐵道上行駛的列車，九輛貨車中才有一輛客車，可以想見台灣一般農民百姓絕少有搭火車長途旅行的經驗，鐵道旅客僅及於少數台籍菁英、仕紳階級，還有居大宗的日本商人、官僚、技術人員，以及移駐的警察和軍隊。但是到了1940年代，教育已漸漸普及，區間乘坐火車上下學的學生日增，嘉南沿線簡易木造站房的改建，也在烽火中進行。根據1935年日本公布「小停車場建設改建物設置基準」，依出入旅客人次分等級，設定驛舍規模。台灣鐵道部是否引用此法不得而知，但參考旅客人次、依等級改建的車站，就算是佔地有限的簡

易木造站房，功能也仍然不能忽略；位於台南縣的後壁、林鳳營兩站，確信就是標準型設計下的產品，兩棟建築物一模一樣，宛如孿生兄弟，至今猶在服役中。

最後談談高雄車站。高雄車站的殊異造型，屬文化自信，進以宣揚國威的怪異產物，就好比台北圓山大飯店採宮殿式作為主體的心理狀態。在此之前，日本國內已有奈良、長野、大社等驛站，將日本傳統建築的主體結構，套在火車站的頂部，象徵該城市具備古都、名刹或神社之名跡。高雄車站原座落於高雄港，1941年遷移，建築式樣模仿日本風格融合現代建材的特質，可以說是將奈良驛移植台灣，代表著建設高雄為南進第一大港的雄心企圖，也意味著一項日本帝國的皇冠，加諸於高雄車站。1941年6月，高雄車站落成開業；同年12月8日，日本偷襲珍珠港，緊接著日軍席捲南洋群島，高雄車站的戰略地位與運兵任務，暫時取代產業輸送首務，一直到大戰結束。在戰火綿延的歲月裡，高雄車站幸未遭受轟炸，因此得以為戰前台灣驛站建築史譜下以新建材重返古風貌的休止符。

鐵道建築世代交替，花樣翻新，然而老朽、疲憊、補釘，宛如風燭殘年的驛舍，卻像是老驥伏櫪，仍一本初衷地馱負重責，未敢懈怠。這樣的使命感，牽引著人們思緒中的一抹鄉愁。驛站本體擋住風霜，壁體刻上年輪，它們劃出歲月斑駁，烙印著時代更迭的痕跡，並將永久存於人們心中。

月光之驛

寂寥空巢

　　和多數人一樣，我也是一個十分眷念世間的人，因為我擁有太多親情。為了保住所擁有的親情，我必須不斷憂慮：害怕疾病、恐懼死亡、擔心失去。在這樣的綑綁下，引發了焦慮不安，甚而產生嚴重的慮病傾向。這隱藏已久的精神狀態，終於在空巢期來臨時，突而一發不可收拾。

　　反覆求醫、等待檢驗報告的煎熬中，我逐漸耗弱。2001年多雨的春天，失落與焦慮的空氣凝滯在清冷的空巢中；我猶如困獸掙扎，日常作息脫序，恐懼獨處，既有的護理背景，讓我驚覺自己已進入病態。此時此刻，唯一的救贖和依恃，就只有與我共同生活長達二十八年的丈夫。他是一個忙碌的人，好在工作時間自主。那段期間，無論多忙，即便遇到必須外出的時候，不管去的場所方不方便讓我跟班，他都一概拎著像個舊包袱似的病妻同行。有一次到老畫家廖德政居處訪談，竟也把恍恍惚惚的我帶在身邊；他去演講，我就在台下枯坐苦熬。

　　寂寞的春假，雨下個不停，卻按捺不住想衝出門的念頭。

　　「去菁桐吧！」乾脆就往更愛下雨的地方去，淋個痛快吧！好滌去一身俗慮。搭上宜蘭線普通車，將車窗往上推，雨跟著飄進來，火車沿

著基隆河，一站一站行經我熟悉的地方，到侯硐轉平溪線時，陰霾的天色逐漸放開。不知不覺的，我也獲得有如服用抗焦慮藥物之後產生的落定感，許久以來都沒有這樣自自然然地落定了。

去一趟「菁桐」之後，我似乎得到一些釋放，藉著這樣的催促，將自己一次又一次拋出去，在驛動中摸索糾結的繩索，也逐漸學著放開擁有和控制的慾望，走出狹隘的窠臼，天地逐漸清明。

風景開眼

「車站是有表情的！」他睜亮眼睛，飛快落筆，面對著熟悉到不能再熟悉的老站身影如是說著。

起初我仍懵懵懂懂，不過從他痴迷老車站的程度，我願意相信。這個教了半輩子書，卻一點也不好為人師的人，任由我霧迷津渡，或者就當我是一個不得不拎著的舊包袱，到了目的地隨處一擱，自顧自地畫起來。在大量獨處等待的時間裡，我有時定定望著老朽驛站，從黃昏夕陽到夜幕低垂，注視在光影變幻之中，逐漸老去的容顏；有時走進街肆漫無目的地蹓躂，不經意之間，心底隱隱浮現聶魯達詩中的片段：「某樣東西在我體內騷動，狂熱或遺忘的羽翼，我摸索自己的道路，為詮釋那股烈火，我寫下了第一行……」

14

　　寫作曾是醞釀在體內的微弱火苗，但我厭棄自己耽溺於小情小愛的文字而羞於提筆，不如就轉個方向吧！我鼓起勇氣寫下第一站「菁桐」！於是就這樣一路下去，欲罷不能，且不管是否中了他「欲擒故縱」的詭計，每一次尋訪老車站，我總是大清早便歡歡喜喜起來做便當。

交通工具

　　一前一後，揹著背包，騎上腳踏車的中年夫妻身影，在我們蝸居的小巷弄附近，常被鄰人揶揄為「社區一景」。騎車習慣了，只要下樓就自然而然地跨上「鐵馬」，要出遠門也先得借重它，騎過長長的學校圍牆，去搭公車。尋訪老車站期間，最常利用的首推松山火車站，這是出發驛，也是終著驛。除了腳踏車之外，「火車」理所當然是這趟旅程的主

角。我們也常乘坐「台汽」，直到「台汽」解散後再組「國光客運」，我
們仍是忠實顧客。遇到阿里山鐵路停駛，還得乘公車去畫火車站。若要
尋找糖廠舊驛，因地處偏僻，計程車也得軋上一腳。至於遠渡重洋，除
了飛機之外，日本地方線每站皆停的普通車也饒富情趣；火車慢吞吞地
穿越田野、河川、山洞、鐵橋和安靜的小村落，由於是單線鐵路，遇到
紅燈還要停下來等對面的列車通過，火車司機趁機出來舒舒筋骨，一邊
和熟客話起家常，閒散、親切的氣氛與都會路線的忙碌、緊繃大異其
趣。

車站問月

　　其實，素描老車站的旅路，他早在1994年已單獨跑過一輪。這次舊
驛重遊的靈感，源自一次日本九州鐵道旅途中，在《荒城之夜》作曲者
瀧濂太郎的故鄉「豐後竹田」轉車，欲往阿蘇山溫泉夜宿；當時，站在
寒風凜烈的高架月台上，望向車站屋脊上方一輪清冷明月，突而興起
「車站問月」的構想。

　　書中素描畫面幾乎每一站都是暗夜場景，因為描繪夜的沉寂，他收
斂起飛揚的筆觸，讓月光伴著老車站，顯露出與白晝迥異的凝練風華。

　　2002年春天，我們乘屏東線普通車在傍晚時分到了竹田。坐在檳榔

林下，晚風吹拂，樹影婆娑，畫著畫著……竹田車站的燈亮了，從細細的窗櫺透出暖色燈光，剎那間，我們窺見老車站的笑顏。跑過整整一年，夜車站旅路在「竹田」寫下最終章。

季節體驗

　　透過與老車站的對話，我重新與家庭以外的世界建立起休戚與共的感情；藉著驛動車廂，我在所走過的每一寸鐵道上都投下真摯的關懷與凝視。一年間歷經春、夏、秋、冬，雖然島國四季不盡分明，但仔細體會，還是可以從細微變化中見到真章。

　　這一趟漫漫旅路，跑了四十個老車站，包括縱貫線、山線、海線、平溪線、內灣線、集集線、阿里山線、屏東線、糖廠鐵道等等，其間還兩度跨越國境，尋訪日本六個古老驛站。翻開不同季節所拍攝的記錄照

片，老車站各具風情，旅人的衣裝也透露出時序變化，我的心情漸漸地
從陰霾轉為晴朗，在一趟趟的鐵道長征中，冷、熱、晴、雨的天候體
驗，亦宛如人生四季。

春。

菁桐

香山

台中

二水

南靖

後壁

竹田

菁桐。

站名	菁桐
建築年代	1929
線路名	平溪支線
驛舍材質	日式木造
備註	為平溪線起點

昨日煤鄉

垂垂老矣的日式木造站房，

隔著鐵軌，

靜默地和對面青苔、雜草叢生的卸煤場日日相望……

　　不同季節，不同時辰，不同心情，造訪同樣的景物，每一趟卻都有全然迥異的發現。初春的「菁桐」站，空氣中透著微濕。坐在月台邊候車椅上，一列銀白車身、綴上橘黃相間飾帶的火車，從綠蔭中輕快地進站。與舊式藍色普通車相較，這部1999年日本製造的新車顯得鮮活又氣派。空調車廂裡，以設計獨特的圓拱門包住管線。絨面座椅，舒適優雅。觀景窗寬敞明亮，十足觀光趣味。它像是精神抖擻的少年郎，一天十六趟，往返奔逐在全長不過十二‧九公里——昔日運煤，今日觀光——的平溪線上。

　　菁桐原是台陽礦業公司最大的煤田所在地，當初為了運煤而鋪設這條平溪線鐵路。後來由政府收購，依然是當地居民對外交通的主要運輸工具。出身瑞芳的礦工畫家蔣瑞坑回憶：1949年農曆正月初四，當時瑞芳到菁桐沒有公路。為了迎娶住在菁桐的新娘，迎親隊伍搭火車到菁桐，火車司機特別將列車停在鐵道旁的新娘家門口，讓新娘和送嫁行列直接上車，開到終點站侯硐，大隊人馬再轉乘火車回瑞芳。想像中，冒著白煙的蒸汽火車嗚嗚嗚笛，載著來自菁桐的新嫁娘，真是一幅喜洋洋的溫馨畫面。結褵超過五十年的兩位當事人，也應驗了婚禮上師長的祝

福──「百年好合，白首偕老」。

垂垂老矣的日式木造站房，隔著鐵軌，靜默地和對面青苔、雜草叢生的卸煤場日日相望，似乎有點悲涼、無奈。越過鐵軌，信步拾級而上。抬眼一望，竟是一片炭礦廢墟。這原是台陽煤礦石底大斜坑洗煤及卸煤的地方，廠房破落，建物傾圮。早已封閉的石底大斜坑神秘地露出頭面，額上雋刻清晰可見。薄暮時分，荒草蔓蔓，宛如置身荒城。

轉身俯瞰，「菁桐」站房雙層灰瓦屋脊上，鳥雀成群棲息。空寂的月台，野犬匍匐。這樣的光景，真足以令來自塵囂中的人們，半日盤旋，不忍離去。

22

香山。

站名	香山
建築年代	1927
線路名	縱貫線
驛舍材質	日式木造

小鴨鴨找春天

我常哄著小孩,要帶他們去香山找春天。奈何,年復一年,從未成行。直到二十幾年後的今天,兒女皆負笈他鄉,我們才出發去找春天。

第一次知道「香山」這個地名,是從買給孩子的一本童話書來的。書中敘述一隻黃毛小鴨子離開媽媽要去找「春天」,牠走過一個接一個的城市和村莊,卻一直都找不到春天。好幾個月之後,終於走到一個鳥語花香的美麗村莊。抬頭一看,「啊!原來春天在這裡!」美麗的香山車站正對牠露出微笑。

插畫裡的香山車站,真像童話中的小木屋。我常哄著小孩,要帶他們去香山找春天。奈何,年復一年,從未成行。直到二十幾年後的今天,兒女皆負笈他鄉,我們才出發去找春天。其實,香山到台北不過兩個多小時車程,我非常後悔當年沒帶著孩子作一趟童話之旅。想像中,建造於1927年的香山車站,一定是寧靜又富有童趣的地方。

如今,香山車站委身屈居於車聲隆隆的縱貫公路一隅,站前蕭條,只有一片單調的水泥地。斜陽將垂垂老矣的木造站房拉出長長的影子,與遲暮的古老火車站形影相弔,獨向黃昏,有著一種說不出的滄涼。

三度來到此地的鐵道迷,畫過三次不同版本的香山車站:第一次是十年前南下途經此站,為之驚艷,而後專程前去作畫。那時車站左邊有一間小麵店,賣麵的歐巴桑沒事就跑過來瞧一瞧,弄得一向臉皮就薄的

他很不自在。好不容易畫出大概輪廓線時，歐巴桑居然歪著頭，雙手交叉胸前，一副不以為然的樣子說：「你好像畫得太短了！」一語驚醒夢中人，他放下素描簿，往後退幾步。果真，這木造車站的確比一般小站長，和它朝夕相處的歐巴桑不用多看一眼，就察覺出來。

　　想到當年從山山水水的唯美風景畫中出走，開始嘗試以古老建築、人文風景為題材，這當頭棒喝，令他後來更用心觀察思索眼前的景物。第二次則是受不了台鐵用巨大而不成比例的大招牌，破壞屋脊優美線條，無奈地改畫面向鐵軌的站場風光。第三次，發現車站的側面呈三角形的雙層屋頂，在午後光影下，更能透出質樸風貌。

　　就這樣，三張不同角度的素描，記錄了三次不同心情的鐵道旅情。

春

台中。

站名	台中
建築年代	1917
線路名	縱貫線
驛舍材質	紅磚壁體，白水泥飾帶
備註	已列為古蹟

紅磚建築期的極品

憑窗下望，急斜式屋頂上紅磚鑲白色水泥飾帶的鐘塔，
在烈日下，彷彿一頂燦爛的冠冕，熠熠生輝。

　　站在台中車站前，工事圍籬阻隔了視線，川流不
息的車流人潮一波一波地湧進湧出。面對這樣似乎一
時一刻都無法靜止的環境，想要捕捉驛站建築的華美風情，殊非易事。
正午，猛烈的陽光下，還沒找到可以落腳之處，就已汗流浹背。尋尋覓
覓，總算看見一家飯店，可以居高臨下俯瞰整個車站。這次可真是大手
筆，竟然「闢室作畫」，所費不貲呢！跟班四處流浪寫生以來，日曬雨
淋，早已習慣，倒是第一次擁有舒適、私密的空間，所有噪音、熱浪全
然隔絕於外。憑窗下望，急斜式屋頂上紅磚鑲白色水泥飾帶的鐘塔，在
烈日下，彷彿一頂燦爛的冠冕，熠熠生輝。

　　這下應該可以從從容容、細細地端詳這座精緻美麗的建築了吧！想
不到畫畫的人不僅眼睛要看，耳朵要聽，鼻子還要嗅，他打開窗戶，熱
浪和渾濁的空氣頃刻襲來，工事所產生的高分貝噪音也迅速入侵。愈貼
近真實，就畫得愈起勁？我有點嘀咕這人有福不會享。

　　望著台中客運打從921被震垮之後就搭起的野台戲台般的臨時站，忽
然想去東海大學探望負笈在外的孩子。記得孩子初入學時曾經去過一
次，匆匆四年即將畢業，為人父母總該有始有終吧！混亂的車站教我們
兩個外地人像玩老鷹抓小雞一樣，跟在一堆人後面跑來跑去，才搭上不

按牌理出牌的客運車到達「東海別墅」。走在迷宮般的巷弄，一路上因應學生而開的商店，琳瑯滿目，食衣住行育樂無一不缺。九彎十八拐，總算到了兒子賃屋而居的「網路科技大樓」。據悉，沒有架設網路的學生宿舍已經落伍，乏人問津。

由「東別」一踏入東海校門，迎面相思林綠意盎然，由文理大道經過名聞遐邇的路思義教堂，走過清幽的教師宿舍，看到牧場肥碩的乳牛恰巧出來放風。東海湖邊學生悠閒野餐，四年大學生活應該是一生中最鮮明美麗的記憶吧！

一想到晚餐，我腦子裡儲存的各色美食地圖又一一呈現，即便到了台中，也還有用武之地。沿著華美街，一旁是「梅川」，深濃暮色裡流水潺潺。只憑一個街名，和殘缺的店名記憶，要找一家由一個原來學美工的年輕師傅所主持，極有特色的日本料理屋。堅持本著老饕鍥而不捨的精神，一路向前，終於找到「川前屋」──面向「梅川」的料理店。年輕店主夫婦和店裡得意的菜色一樣，清爽細膩，杯盤碗盞，品味超凡。簡簡單單的一個烤飯糰，外皮微酥，米粒晶瑩，鮭魚內餡令人齒頰留香。

一頓晚餐吃了兩個小時才酒
足飯飽,班師北返。

　夜行汽車中,滿足酣
眠。睜開眼時,車子已經下
交流道,熟悉的台北夜景映
入眼簾。

鉛筆
2001.4.18
台中驛

春

二水。

站名	二水
建築年代	1933
線路名	縱貫線
驛舍材質	水泥壁面，淺色磁磚
備註	爲集集線起點

集集線起點

浩劫之後，滿目瘡痍的景象多已復甦，只有幾段扭曲變形的鐵軌匍匐地面，為災變留下見證。

凌晨四點就醒了，我們互相取笑，就好像小學生在遠足前夕，興奮得難以入眠。因此，乾脆提早上路，到台北西站搭往南投的台汽班車。

南投縣境擁有全台灣最美最多的好山好水，熱門風景區如日月潭、溪頭、東埔，和921大地震後浴火重生的集集線，都在轄區內。唯獨南投市街，靠近車站一帶，著實乏善可陳，但還是盡責地扮演著南投聯外的小小交通樞紐角色。由此轉乘往水里的班車前往集集，親炙一下穿越路樹濃蔭，山路風來草木香的沁涼滋味。浩劫之後，滿目瘡痍的景象多已復甦，只有幾段扭曲變形的鐵軌匍匐地面，為災變留下見證。台灣人的生命力算是強韌的！

抵達集集車站才發現，火車雖已於今年1月底復駛，但修繕工作尚未完成。周邊充斥著各色各樣吃食、紀念品攤販，大人小孩人手一根冰棒。巧遇熟人，硬被塞了兩根冰棒，只好跟著舔了起來。車站居然變成觀光景點，可見集集的確魅力十足。無法作畫，遂改乘觀光列車造訪「二水」。利用各種不同的交通工具，也是旅途中不能錯過的體驗。

「二水」是縱貫鐵路與集集線的分歧點，從「二水」到終點站「車埕」，全長二十九‧七公里，一天九次往返；早年要去日月潭，必須在這

裡轉乘集集線火車。在民國30、40年代左右，二水車站同時有集集線、縱貫線和東邊的糖鐵。三種大小火車爭相鳴笛出站、進站，熱鬧非凡的景象至今仍讓年長的在地居民津津樂道。出車站右轉徒步約一百公尺，有個小公園，陳列一大一小兩部蒸汽火車頭。大的是編號CT278的日製大型機關車，小的是編號糖鐵345的比利時製「五分仔車」。一大一小並列在遮棚下，宛如母雞帶小雞。雖然解說牌有點語焉不詳，但讓遊客不必換算尺寸就可透過實物來比較，相當有趣。

這棟磚造站房，線條簡單俐落，頗具現代感。可惜的是站名標示有些突兀：四個藍底白字的大燈箱加上一個台鐵標誌架在屋頂，破壞主建物勻整的線條。這樣只重功能，忽略美感的作法，在各大城小站比比皆是。

返程途中，除了數落台鐵之外，還談到以數字開頭的「二水」車站，一時興起，兩個人居然玩起數字火車站接龍遊戲。他先說：「頭城」，我馬上接「二水」，再下來是「三義」、「四腳亭」、「五堵」、「六塊厝」、「七堵」、「八堵」、「九曲堂」，最後來到平溪線的「十分」站。

想不到跟著火車迷東征西討，不知不覺中也跟著「撩落去」了，連火車站名也玩得不亦樂乎。「嫁到讀書的尪，三頓無吃嘛輕鬆」，擺脫物慾橫流的世界，堅守清貧，反而得到更寬廣的空間。

33

春

南靖。

站名	南靖
建築年代	1943
線路名	縱貫線
驛舍材質	瓦頂磚造

油桐花旅路

車過頭前溪，斷斷續續看到油桐花的芳蹤。再往南行，遠山近樹，白花恰似五月雪，群山紛紛白了頭，從苗栗山區迤邐而下。

　　最近我們成了台汽的常客，至少每週搭乘一次台汽，取道高速公路，重遊古老火車站。之所以如此，主要是想藉由另一種途徑、另一種交通工具，去激發不同的風景觀想。此外，兩人雙倍的旅費，選擇正在打折的台汽班車，在不景氣當中，自是更實際的考量。上午九點，由台汽西站開往嘉義的國光號，不超過十個乘客，很正常；就因為人少，而且很多乘客都是一上車就睡覺的老先生、老太太，鮮有聒噪的行動電話擾人，耳根十分清靜。

　　車過頭前溪，斷斷續續看到油桐花的芳蹤。再往南行，遠山近樹，白花恰似五月雪，群山紛紛白了頭，從苗栗山區迤邐而下。相思叢也綻開累累黃色小花，交錯在公路兩旁，令人目不暇給，直到過了火焰山，才逐漸稀落。誰說高速公路無風景？鳳山溪、頭前溪、大安溪、大甲溪、大肚溪、濁水溪……，還有苗栗、三義間的霧中風景，都很值得一看。

　　梅雨季節鋒面由北到南，嘉義也飄著細雨，匆匆趕赴南下的通勤電車，經過「水上」站，在「南靖」下車。南靖月台後方有一大片荷塘，暑夏未到，已長滿一塘田田的荷葉，幾朵被薰風催綻的荷花，在綠葉中

搖曳。幾年不見，站內竟架起一座大天橋，硬生生地劃破由月台望向站房內側的完整視野。剪票口的木欄柵沒開，我們從一旁的辦公室出站，站務員懶洋洋地瞧了我們一眼，算是放行吧！仰望天空，細雨已歇。

　　「南靖」站是一棟灰瓦屋頂，磚造建築。雖歷經風霜，但精巧的木製窗櫺，依稀留存昔日風華。站房微微高出路面，中央是一條緩緩的坡道，兩旁幾株才結了青澀果實的芒果樹正好遮蔭。

　　兩個旅人放下行囊，打開小魔法瓶，喝了一口熱茶之後，細細描繪，靜靜觀想，這是旅路中最最精華的時刻。

車站四季

後壁。

站名	後壁
建築年代	1943
線路名	縱貫線
驛舍材質	日式木造

廣場「頭前」畫「後壁」

木造老站披著乳白新裝，看起來倒是清爽宜人。上百台各色各樣的腳踏車、摩托車，櫛比鱗次地排置站前，構成繽紛熱鬧的車站風景。

　　台灣的老地名實在非常有趣，當初草萊初創，篳路藍縷的先民們在這塊土地上種植、屯墾、繁衍，也為賴以維生的土地命名。由於早年識字的人不多，取地名也就十分隨性：如「柳營」、「新營」、「林鳳營」等，都是依據鄭成功屯兵之地為地名；像「鶯歌」之名，就因為當地有一酷似鸚鵡的巨石而來；「山佳」則因地處山腳下，原名就叫「山仔腳」，如此口耳相傳，久而久之就約定俗成了。至於「後壁」到底為什麼叫後壁？很後悔當初到達貴寶地時，竟沒找當地耆宿探究清楚。

　　後壁距離上一個老站南靖僅五分鐘車程，但顯然忙碌多了。出站之後有一片大廣場，前面就是大馬路。木造老站披著乳白新裝，看起來倒是清爽宜人。上百台各色各樣的腳踏車、摩托車，櫛比鱗次地排置站前，構成繽紛熱鬧的車站風景。此刻，已近黃昏，陸陸續續有提早下課的學生，正悠閒地跨上自己的座騎，踏上歸途。

　　想像入夜之後的車站，行人漸稀，車陣也散了，梅雨季的夜空無星無月，厚厚的雲層積捲在

天際，或許會是一個憂愁的
晚暝吧！坐在廣場「頭前」
一株闊葉樹下畫「後壁」的
人，沉浸在想像的「夜車站」
情境之中。

　　他回憶1994年初訪此
地，車站兩旁還有一些民
宅。右側有一棟美麗的洋
樓，聽說是家旅店。馬路也
沒有現在寬敞，感覺上較為
僻靜。那時候月台為配合新
車種的高度，居然用枕木鋪
滿月台，以增加高度，方便
乘客上下。他就坐在枕木上畫下站內風
情，至於為何不畫車站正面？因為發現
鄰近的「林鳳營」和「後壁」，幾乎是
同一個模子印出來，為求取變化，只有
從選取角度下手了。

　　據悉，在交通不太便利的日本時代，要前往「關子嶺溫泉」，必須由
此地轉乘汽車。那時候關子嶺已是南台灣頗負盛名的溫泉鄉，原來這小
小的車站，也曾有風光熱鬧的過往呢！

竹田。

2002.3.27 鐙

站名	竹田
建築年代	1939
線路名	屏東線
驛舍材質	日式木造

再見南國

暗夜裡，逐漸逼近的遠光燈，強烈地投射在長長的鐵軌上；月光下，等待北上的旅人，靜靜地徘徊在長長的月台。

　　為了體驗南國舊驛的「夕顏」，我們搭乘屏東線的黃昏列車來到竹田。

　　四月天，靜靜的「竹田驛園」只聽見鳥雀啁啾，和晚風舞過檳榔樹叢的沙沙聲響。朝著漆上斗大「竹田」字樣的水泥新站，繞行到精心整修過的舊站，這新舊並存的模式和阿里山線的「北門」站相同，木造車站以古蹟保存的方式功成身退，只供憑弔，旅客進出的事就交給新站去管。竹田簡易站只有一名員工駐守，偏偏今天正逢星期三公休日，站房深鎖，無人看守。

　　來到屏東線上唯一留存的木造站，坐在這座花了文建會二千四百八十五萬元鉅資整修的鐵道園區內，環顧四周，有座磚造米倉遺址，牆上有饒富趣味的素人風格壁畫，鄰近的萬金天主教堂、八仙過海、佛像、廟宇和倚著小涼亭的南國少女，都一一入畫。這幅2001年繪製的「竹田山水」，洋溢著在地感情。

　　驛站園區內還有一座「池田一郎紀念館」，為紀念於1943年二次大戰期間入伍後，被派任竹田野戰醫院院長的池田一郎博士。池田醫師除了醫治傷兵，也義診鄉民，回日本後仍不斷濟助台灣留學生，晚年十分思念年輕時代曾駐守行醫的竹田，故將兩千餘冊藏書捐給竹田鄉。現在園

區內將舊有木造倉庫改建，池田博士的愛書終於有了好歸宿。擁有這樣一處結合藝術、人文、自然的鐵道園區，可說是竹田鄉人的驕傲。

　　反觀同樣耗資千萬，老站新生的「集集」，建築物本身的品質的確值得激賞，但周邊民宅、攤販雜亂紛陳，大大削減了這座精心打造的美麗驛站的氣質，竹田能保有這樣的清幽雅緻，除了鄉民的努力之外，也拜地處偏遠之賜。

　　燈亮了！從站房裡透出暖暖的燈光，在逐漸低垂的夜幕下，拿起相機，捕捉南國夜車站的綺麗風華。白晝清雅，夜晚璀璨。能有如此風景開眼，回程的五小時夜車上，竹田的一顰一笑，正好伴我遙迢旅路。

　　回首看見在廣場一角作畫的人，正在和群集於頭頂上的幾百隻蚊子兵團奮戰。竹田的蚊子十分欺生，廣場上有白白嫩嫩的小娃兒悠悠哉哉地騎著三輪車，可牠偏不咬，盡來欺負我們這兩個年逾半百的外地人！

　　北上的火車還未進站，兩人坐在清冷月光下的月台盡頭看火車。

　　暗夜裡，逐漸逼近的遠光燈，強烈地投射在長長的鐵軌上；停靠竹田的普通車沒人上下，寂寞地再往南行。月光下，等待北上的旅人靜靜地徘徊在長長的月台。

　　再見南國，南國再見！

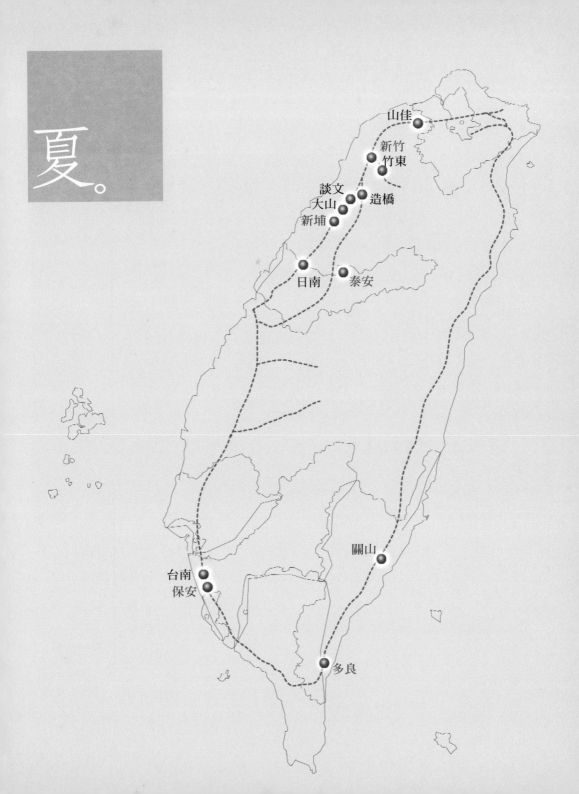

夏。

山佳

新竹
竹東

談文　　造橋
大山
新埔

日南　　泰安

關山

台南
保安

多良

山佳。

站名	山佳
建築年代	1942
線路名	縱貫線
驛舍材質	木構瓦頂，水泥壁體，磨石子柱

山腳小驛站

站在路旁，有了距離之後，更能感受、欣賞它遺世獨立的風情。環顧四周，真的找不到一棟足以匹敵的建築物。

山佳站原名「山仔腳」，顧名思義，車站就在山腳下，是一棟水泥磨石子、黑色瓦頂、頗具西洋情調的建築；特別是梯形屋脊頂端各有兩個像「鎮獸」模樣，造型可愛的裝飾，聽說是為了鎮壓「火事」之用。門前一株高過屋頂的木棉樹，隨著季節，時而綠葉成蔭，時而滿樹繁花，時而枝椏光禿。整座站房建於水泥石砌基座上，正門玄關有四、五級石階，小巧精緻。只是長年以來，它都隱身於巷弄深處，被一片雜亂無章的民房擋住，以致很多人都找不到它，就連小客車也無法開進去，倘若遇到行動不便者，也只有自求多福了！

2001年5月，再度來到此地，發現有了突破性的大改變，原先擋路的民房已拆除改建為下層停車場，上層則為站前廣場。玄關石階打掉後，正好和車站地面銜接。

夏

　　深藏不露的山佳車站，終於豁然開朗。站在路旁，有了距離之後，更能感受、欣賞它遺世獨立的風情。環顧四周，真的找不到一棟足以匹敵的建築物。

　　沿車站旁的小路穿過低矮的地下道，上面是車聲隆隆的鐵軌，下面只能通行摩托車和行人。不過騎在車上都得低下頭來，否則包準撞昏腦袋，連我們這種五短身材的人都快頂天立地了。出地下道右轉，就是車站後方的山路，不過五分鐘的腳程，卻如入桃花源。平坦的柏油小徑，兩旁盡是茂密的翠竹林、姑婆芋、鐵線蕨、落地猶香的梔子花、軟枝黃蟬……。微雨的午後，空氣清新，決定悠閒散步前往山腰上的「紅藏寺」小憩一下。

　　剛爬上往「紅藏寺」的陡峭斜坡，就見一個滿頭大汗、氣喘吁吁的老婦人，慌慌張張地催促我們快跑上山看看，說她在山下看見廟裡白煙直冒。

　　「你們兩個少年的跑得快，趕緊幫忙救火！」她急得大吼。

　　逼得我們兩個年踰半百的「少年的」，只好莫名其妙，狂奔上山。搞了半天，只是虛驚一場，原來是勤快的信徒在燒落葉。

　　這間寺廟位置居高臨下，寬敞的陽台開滿嬌艷的薔薇，一眼望去，整個山佳站場就在腳下。一列快車風馳電掣，呼嘯而過。另一部藍色普通車則慢條斯理地沿著建在彎道上的月台，微傾車身緩緩進站。雨中，發亮的鐵軌在大地上交織著美麗的線條。世外桃源，何必遠求？

新竹。

站名	新竹
建築年代	1913
線路名	縱貫線
驛舍材質	水泥，淺色面磚
備註	內灣支線起點，2001年重新修復

重整門面，再現風華

高高的鐘塔像風城的守護神，默默俯視進出車站的歸人過客。送往迎來，幾十寒暑。

車站的形貌是城市記憶中最醒目的圖騰，造型愈獨特的車站，就愈容易根植在人們的心中。1913年，也就是民國2年建造完成的新竹車站，是縱貫鐵路各大站中年齡最大的一幢建築物，第二次世界大戰中曾遭美國軍機轟炸毀損。民國38年重新修整迄今，雖過耄耋之年，依然傲骨猶存。氣派的淺黃色主體上，有左右對稱的拱形窗鑲著精巧飾帶，最特別的是屋頂中央突起一座形式優雅的鐘塔，相信絕大多數風城的居民，都對它有深刻的印象。

高高的鐘塔像風城的守護神，默默俯視進出車站的歸人過客。送往迎來，幾十寒暑。如今，塔上的圓形時計已被電子鐘取代，少了幾分思古幽情。

8月酷暑來到風城，卻是烈日當空。只消在廣場上站個五分鐘，人就會像拿在手上的冰淇淋，轉眼即癱軟融化。過慣苦行僧生活的人堅持雙腳要踏在發燙的土地上，一旦身邊跟了一個享樂主義者攪局，不知是要推他跌進罪惡的淵藪？還是要救贖他覓得享樂的天堂？我一個箭步鑽進車站斜對面的SOGO百貨二樓，坐在整片透明玻璃帷幕的咖啡廳內，所有熱浪都被摒擋在外，站前風景盡收眼底。打開畫簿，窗外的新竹車站彷

彿擺起pose等待入
畫。這裡的新鮮水果
蛋糕鬆軟可口,咖啡
也調得香醇濃郁。台
北的SOGO本店二樓
也有一家,不管平時
或假日,總是座無虛
席,沒想到在新竹竟
也可以輕鬆享用,讓
面對美食容易感動的
我,忍不住讚嘆了起來。

　　因著舒適的環境,不管構圖多麼複雜,憑恃著畫過百台蒸汽火車、
百個歷史景點、五十多個大小博物館、無數鐵道風景、老火車站等豐富

現場寫生經驗的畫家，這次重遊舊驛，畫出比上一次更滿意的作品，不過區區兩杯咖啡的代價。

　　2001年修復後的新竹車站，闢出一片寬闊的廣場，2002年初冬，在探訪內灣線合興車站的途中特意重遊；冬日夕照下，坐在站前廣場從容地與精心修葺過的老車站對話，染著紅霞的鐘塔彷彿重展歡顏。

竹東。

站名	竹東
建築年代	約1947
線路名	內灣支線
驛舍材質	瓦頂，磚木結構

瓦頂與檳榔樹的對話

由寫生的角度看竹東站，最醒目的是車站一側有株約三層樓高，筆直聳立的檳榔樹，正好和斜角的瓦頂呈現非常完美的組合，增添了幾許浪漫的南國風情。

連續跑了幾趟新竹鄰近的驛站，包括海線、山線，還有今天要去的內灣線，都要在新竹換車。從台北到新竹，最經濟便捷的交通工具，應該就是電聯車了，這種車相當於復興號等級，車廂乾淨，會車時間短，而且車內冷氣足夠，雖是各驛停車，但對我們更方便，連無人看守的小站，也可輕易到達。其實它的主要功能應該是以通勤、通學為主，因此又有人稱它為通勤電車。因為名稱太多，容易混淆，曾經有位股票族，居然到火車站對著售票員脫口而出：「買三張『聯電』！」弄得售票員啼笑皆非。

今天要去內灣線第一大站「竹東」。內灣線是戰後政府為發展竹東工業區而興築的貨運鐵路，全長二十七・九公里，沿線皆尋常農村景色，純樸自然；近年

來，因火車熱潮，成了休閒觀光的好去處。最近鐵路局向日本購買的新車，在經新竹地區多所學校學生耗時兩個月，集體創作成彩繪列車之後，已開始上路。我們在第二月台下車往回走，就看見畫得鮮艷有趣的彩繪列車停在平時略顯嚴肅的鐵道站場上，像一隻花蝴蝶般顧盼生姿，非常引人注目。

　　竹東並非日治時代留下的古老火車站，約建於1947年，但當時工匠仍承襲嚴謹的工作態度，和精良的施工技術。中央突出的玄關用咖啡及米黃馬賽克小磁磚，搭配線角裝飾，候車室還留著裡外兩個木製拉門，試想：夜晚沒車停靠時，拉上四周門窗，就像一間溫暖的家屋，尤其是寒冷的雨夜，會是異鄉遊子溫暖小歇的避風港吧！

　　逐漸轉型為觀光路線的竹東站，已經用自動售票機取代人工售票。兩個機器嵌在木質窗口，顯得有些不搭調，吐出來的車票已經是薄薄的電腦紙票。想要收集老式硬紙票的遊客有點失望，不過內灣仍有出售老式硬票。

　　由寫生的角度看竹東站，最醒目的是車站一側有株約三層樓高，筆直聳立的檳榔樹，正好和斜角的瓦頂呈現非常完美的組合，整棟建築在微微飄動的椰樹枝葉下，增添了幾許浪漫的南國風情。

造橋。

站名	造橋
建築年代	1935年
線路名	縱貫鐵路山線
驛舍材質	水泥磚造

老是凸槌的磚造小站

這棟磚造小站的候車室裡，還保留著三張寬闊而頗具人體工學的長椅，挨著牆壁排成ㄇ字形。斑駁的牆角居然掛著舊式留言板，可惜沒有粉筆，否則真想來個即興之作。

55

　　自從民國90年7月13日黑色星期五上午十時十五分左右，山線縱貫鐵路由基隆開往嘉義的「莒光號」列車，通過距「造橋」站僅一分鐘車程的南港溪鐵橋時，發生出軌翻覆，造成四十餘人輕重傷的事故之後，火車經過那條涵洞型的南港溪鐵橋時，更是小心翼翼，將車速放得極慢。當列車徐行於新建的高架橋上，我們就忍不住趴在車窗往下看。南港溪裡有兩個舊線路遺留下來的紅磚橋墩，正好夾在新鐵橋與高速公路「造橋」收費站之間。看起來不太起眼的紅磚舊橋墩，年代久遠，但磚色仍舊鮮麗，近百年來兀自矗立在溪流中，算起來也是珍貴的鐵道遺跡。

　　「花能解語渾多事，石不能言最可人」，面對這些默默見證台灣鐵道歷史的景物，如舊山線上的「魚藤坪斷橋」、「鯉魚潭鐵橋」等廢棄的鐵道遺珍，因著我們對鐵道文化的興味，而將之視為「只需意會，不必言傳」的知心老友。每一趟旅程，無論是專程或路過，都期盼和它們見上一面，投以深情一瞥。

夏

「造橋」真是一個無辜的小站，從民國79年4月24日造橋站南方一‧五公里處隧道因豪雨坍方，莒光號列車司機煞車不及出軌，造成二死十一人輕重傷的嚴重事故，到隔年（民國80年）11月15日，造橋134號誌站，一部北上自強號迎面撞上莒光號列車，釀成三十人死亡的大慘劇，加上這一次也是「莒光號」惹的禍；三次重大車禍，「莒光號」都參上一腳，其中兩次還獨自擔綱。要怪應該怪它，不過「造橋」小站卻總背負著「出軌」的原罪；最令人不平的是，莒光號過站不停，當地居民未蒙其利先受其害，還常遭受池魚之殃。

大熱天出車站，馬路邊正好有家冰果室，有如沙漠中看見綠洲，先叫碗「挫冰」來消消暑氣。看店的阿弟是個好奇寶寶，一直問我們來自何處？要畫車站做什麼？你寫些什麼？會不會把我也寫進去？還不時走到門口瞄一瞄屈身於淺淺屋簷下揮汗作畫的人，並問我：「他是藝術家嗎？」我只能苦笑聳聳肩，藝術家能自己說了就算數嗎？吃下一碗「挫冰」後，暑氣全消，精神來了，換我問他：「造橋以什麼聞名？」他啃著媽媽剛從頭份買回來的照燒披薩，不假思索地說：「火車事故呀！」再問他：「車站旁的舊倉庫幾時改成便利商店？」他抓抓頭，很尷尬地對著我傻笑。

這棟磚造小站的候車室裡，還保留著三張寬闊而頗具人體工學的長椅，挨著牆壁排成ㄇ字形。斑駁的牆角居然掛著舊式留言板，可惜沒有

粉筆，否則真想來個即興之作。想起三、四十年前，別說行動電話，就連家用電話都不普遍時，車站送往迎來，時間不湊巧，留言板就成了溝通工具。如果不慎遺失物品，也可以到留言板上看看失物招領；更有離鄉背井到都市謀生的失意人，在台北車站留言板上塗鴉著「台北居，大不易，不如歸去」的打油詩，道盡遊子辛酸。

夏

泰安。

站名	泰安
建築年代	1938
線路名	縱貫鐵路山線
驛舍材質	水泥磚造

舊山線文化財

烈日下，抬頭仰望，新山線鐵路，從隧道一端伸出，
劃過荒蕪的谷地，倏忽，又鑽進另一頭的隧道，像一
條不見首尾的神龍。

　　夾在舊山線「勝興」和「后里」之間的「泰安」舊站，從1998年新
山線啟用之後，就和緊鄰的「勝興」同時遭到廢站的命運。由於勝興至
泰安短短八‧六公里的鐵路因地形關係，必須通過數座隧道、橋樑，早
期蒸汽火車開到此處必須跋山涉水，弄得氣喘吁吁。改築新山線時，乾
脆用高架鐵路將線路拉直。如此一來，火車就不再經過勝興、泰安兩
站，改停靠在高架鐵道下，距舊站約二公里處的「泰安」新站。

　　如今，「勝興」挾其台灣鐵路最高點及名聞遐邇的魚藤坪斷橋之名

氣，成了炙手可熱的新景點，而同屬老車站的「泰
安」，卻門前冷落。鐵路局已將這一段饒富鄉野氣
息又擁有舊隧道、老車站、1935年關刀山震災紀念
碑及大安溪鐵橋等珍貴鐵道文化財的舊山線，重新
規劃成觀光鐵路，為偏僻的泰安鄉帶來商機的希
望！不過，一旦成群結隊的觀光人潮湧進，往日形
貌將不復得。

　　以往造訪泰安舊站，還可以搭乘班次稀少的普
通車，改線之後，對以搭乘大眾交通工具的我們而

言，想來造訪的確有點麻煩，不過抱持千山萬水與子偕行的決心，縱然是農曆七月天，兩人還是輕裝短打上路。先搭電聯車到苗栗，再轉南下的山線電車來到泰安。位於新山線的「泰安」，月台建在五層樓高的高架鐵路上，要出站得走樓梯或搭電梯，有點像台北的捷運。而火車站卻毫不起眼地屈居於鐵路下方。烈日下，抬頭仰望，新山線鐵路，從隧道一端伸出，劃過荒蕪的谷地，倏忽，又鑽進另一頭的隧道，像一條不見首尾的神龍。現代文明和自然景觀在科技日新月異的時代，可能都想爭得一片天吧！

　　佇立於荒涼谷地上，想要去二公里之遙的舊站，除了步行之外，別

無他途。日正當中，影子只剩短短一小截，「一腳前，一腳後，很快就到啦！」彼此打氣，沿鄉間小路前行，一部部汽車擦身而過，揚起

滾滾黃塵。走了將近二十分鐘，熟悉的磚造小站終於在望，不過兩個人已經臭汗淋漓，狼狽不堪，熟門熟道，衝到廁所狠狠地洗把臉。唉！如果可能，真想就地沖個涼。

　　梳洗完畢，把握時間，準備作畫的人已經坐在站前小店的摩托車上，定定地望著那棟人去樓空的磚造老站。我走進空無一人的站房，裡頭橫七豎八散置了辦活動後留下的長板凳，順手搬了一張坐在大門口，掏出昨夜還沒看完的小說，準備享受在自然光下閱讀之樂，掃興的是，雜貨店裡高分貝的電視聲響一直干擾我的思維，一心嚮往寧靜的鄉間情趣，卻總在聲聲刺耳的電視噪音下幻滅。

　　工作快告一段落，遠遠有一部豐原客運搖搖擺擺地開過來。兩個極端無法忍受電視噪音的人，不約而同地拎起行囊，提前逃離這被噪音淹沒、聽不見鳥叫蟲鳴的傷心小站。

談文。

站名	談文
建築年代	1922
線路名	縱貫鐵路海線
驛舍材質	日式木造

無人知影

三角形屋脊中間開著一扇圓窗,像隻圓睜的牛眼。剝落的日本瓦已換成淺色新瓦。面對月台後方一片新綠水田,十足鄉野風情。

松山車站是我們最常出入的驛站,然而每次總是行色匆匆,無暇端詳這個功能性遠大於欣賞價值的建築物。為了貪睡片刻,要趕上八點三十九分往新竹的電聯車,又得跑得滿頭大汗了。若搭不上這班車,就無法接上十點二十五分的海線電聯車,到達預定地──談文。

「往談文電車票兩張!」把錢遞進售票窗口,售票員卻楞在那裡。

「談文?離哪裡最近?」他有點不好意思,小聲地問道。

「竹南吧!」車都快開了,還搞這種烏龍。

「我在這賣了幾十年的票,從來也沒賣過到談文的!」他轉頭在售票機上猛找,終於成功地賣出「松山─談文」票兩張。

小跑進站,剪票口的站務員狐疑地看著車票,怔怔地說現在沒班車去談文。

「啊!有了!可以搭三十九分的去新竹換車。」他拍拍自己的腦袋,熱心地指引我們。

本來理所當然的行程,差點被這兩個狀況外的站務員給搞糊塗了,還好鐵道迷早就把火車時刻表倒背如流了,心裡只覺得很無奈。本來擁擠

夏

的車廂，過桃園之後，乘客逐漸稀落。車上有人盤起腿來看書，有人枕著背包橫躺，有人抱著電話大談戀愛經……，我們也悠哉悠哉地喝著熱茶。十點二十一分準點到新竹，開往彰化的海線電車已在月台蓄勢待發。

車過香山，隔著防風林，出現灰濛濛的海，那是崎頂。老車站已拆除，現在無人看守，但普通車、電車仍有停靠。「談文」站緊鄰竹南，站房低於公路，往來車輛如不注意，根本不知道這裡有一座車站。然而，它的精巧細緻，卻深深吸引鐵道迷和懷舊的人。三角形屋脊中間開著一扇圓窗，像隻圓睜的牛眼，聽說有避邪作用。經過一翻修葺後，剝落的日本瓦已換成淺色新瓦，木造部分漆成米黃色，面對月台後方一片新綠水田，十足鄉野風情。

談文站屬竹南站管轄，值班副站長洪先生和藹可親，他居然認出五

年前曾來此作畫的畫家，也知道《台灣古老火車站》這本書。在荒村野站有此「知遇」，十分溫馨。

南下電車徐徐入站，隔著月台和親切的副站長道別，奔往下一站──「大山」。

64

大山。

站名	大山
建築年代	1922
線路名	縱貫鐵路海線
驛舍材質	日式木造

大山腳市井圖

大山站前筆直的街道上，理髮店、美容院、托兒所、中藥房、肉攤、蔬果鋪，甚至連金子店都有，幾乎是一個麻雀雖小，五臟俱全的小聚落。

　　大山距談文只有六‧八公里，約七分鐘的車程，所以今天連訪兩站，時間仍然很充裕。其實，在我眼裡，海線的老車站都長得差不多，但是背景卻各異其趣。較之談文站的荒僻，一站之隔的大山站前筆直的街道上，理髮店、美容院、托兒所、中藥房、肉攤、蔬果鋪，甚至連金子店都有，幾乎是一個麻雀雖小，五臟俱全的小聚落。六、七月間，是大山到後龍一帶的西瓜盛產季節，園子裡隨處可見肥碩翠綠的大西瓜。剛才在火車上和鄰座的大山村民聊天，他還熱心地邀請我們去他家採西瓜。像這樣素昧平生，卻毫不拘泥地熱情邀約，只有在民風純樸的村莊裡才可能感受得到。

　　坐在老舊候車室的木條候車椅上，猶聞街坊閒聊笑語。傳聞八十幾年前，大山站未建時，附近居民即使賺了錢也守不住，有如過路財神。直到車站落成，穩穩守住路端，不讓錢財外流之後，才給當地居民帶來好運。其實，設站之後，交通便利，學生通學，商人買賣，農產輸出，帶給地方繁榮及近代化，才應該是脫離貧窮的主要原因吧！

　　過了中午，又有一班火車到站，居然出現一波人潮。不到十個人，就已經把小小的車站擠得摩肩接踵：有外出辦事的村民、有接小孩返家

的主婦、有外出看病的老人家……，更多的是擔蔥賣菜的老農戶，他們挑著空擔子散市歸來，竹籃裡裝著從新竹帶回來的日用雜貨，還有一袋「神奇寶貝」，應該是給愛孫的玩具吧！黝黑的臉龐，樸素的交談，彼此稱許今天的業績。這些上了年紀又閒不住的老農戶們，日出而作、日落而息，看起來即使帝力又於他們何有哉？

　　一邊和等車的在地人聊天，一邊遙望蹲在車站對面民房屋簷下畫得渾然忘我的人。「喂──火車快來了！」我用報紙捲成喇叭，提醒他快收拾畫具好回家囉！

　　為了尋找舊驛風景隨想的素材，我幾乎變成一個八卦婆，逮到人就東拉西扯，問東問西，在北上月台又和挑擔的老農婦聊起來。看她不到五十公斤的瘦小身軀，竟挑著兩擔滿滿的西瓜、香瓜，這些水果加起來起碼有七十公斤以上。看見那根用得油光水亮的竹扁擔，我一時技癢，想試一下肩挑重擔的滋味。誰知？一挑起扁擔，就惹得旁邊等車的人笑

翻了：原來竹扁擔半圓那一面要靠在肩膀上才行。老人家幫我翻轉過來，我作勢蹲起馬步一挑，擔子卻紋風不動。

　　火車來了，只見她老人家輕輕把扁擔往肩頭一擱，微蹲馬步就上了車。這可是她今天第二趟去新竹作買賣哩！望著和別人談笑風生的老婦人，我想，從肩挑重擔的辛苦，到如釋重負的輕鬆，她一定有獨到的體驗吧！

車站四季

新埔。

站名	新埔
建築年代	1922
線路名	縱貫鐵路海線
驛舍材質	日式木造

站在島嶼邊緣

追車站追到天之涯、海之濱，望著長堤外的波光瀲
影，低頭注視腳踏的土地，竟已到了島嶼邊緣。

好奇的火車迷都喜歡坐第一節車廂，尤其是
普通車和電聯車。由於天氣熱，駕駛室的玻璃門
多半洞開，坐在車門邊的雙人座，正好可以悄悄
地窺探機車長開車的一舉一動。這位機車長顯然
不喜歡大熱天戴著那頂大盤帽，快到站才勉強往
頭上一扣，「叭」一聲按下開車喇叭，比個開車
手勢後又摘下帽子，一路上就這麼摘摘戴戴，看
來十分堅持。

常搭這班電聯車，都會看見鐵路局員工拿了一疊舊帆布製的繳款
袋，每到一站就交給在月台等待的站員，然後收回昨日的票款。這種低
效率的方法，大概只有在每日營業額不過幾百元的地方線小站，才可以
這樣做吧！

整個車廂除了我們兩個是買票乘客之外，其他有休假要到彰化的員
工、有打掃完畢的清潔員，也有到附近出公差的台鐵職員。他們彼此相
互聊天的話題，也一直繞著退休轉，看來台鐵似乎是一個逐漸老化的機
構。

今天的目的地是靠海的新埔站，出站之後，眼前就是婆娑浩瀚的台

灣海峽。追車站追到天之涯、海之濱，望著長堤外的波光瀲影，低頭注視腳踏的土地，竟已到了島嶼邊緣，激動的淚竟奪眶而出。

　　記得幾年前曾來此地，那時正興建天橋，整個新埔站陷於紊亂的工事中。當時，木造站房幾近傾圮，大門前雜草叢生，沒想到幾年後卻重生了。越過馬路，拉出距離看它，很像修整過門面的老者，精神奕奕，老當益壯。

　　新埔站前人家稀少，村民大多聚居車站右方的小街道。當地有一所國民小學，每年級一班，全校僅百來個學生，據稱是全台灣最靠近海的小學校。

　　往車站左邊徒步約五分鐘，走過瓜田和玉米田，有一座「秋茂園」，這是旅日華僑黃秋茂先生於1975年為思念慈母而設的林園，內有園主所作懷念親恩的詩詞，以中日文對照雋刻於石版上。園內綠樹成蔭，牆外碧波萬頃，遊人不多，是個徜徉的好去處。

　　看似不起眼的新埔站，其實是個觀海、聽潮、漫步長堤的詩情畫意之處。

日南。

站名	日南
建築年代	1922
線路名	縱貫鐵路海線
驛舍材質	日式木造

海線長征

從松山到新竹轉海線往彰化接縱貫線，一次又一次的海線長征，變化萬千的車窗景物和溫暖質樸的人情，深深吸引我們走過千遍也不厭。

　　被譽為日本80年代文學旗手的村上春樹，是個酷愛旅行的作家，學生時代常獨自揹著背包四處旅行，結婚之後也常和太太一起作這樣的「貧窮旅行」。不過有一天，太太對他宣言：「我已一把年紀，不能、也不想這樣旅行了！我以後要住在正式的飯店（指的是有衛浴，毛毯上沒虱子、跳蚤的飯店），不要揹著十公斤的大背包，從巴士站走到火車站了。」

　　超過四十歲的成名作家，的確不需要刻薄自己，所以從善如流，順從太座的旨意，但私下仍懷念貧窮旅行那種自由自在的感覺。因此，在計劃去墨西哥的前十天，還是決意重新體驗一番。其實，像

這樣的旅行方式，對共同生活二十幾年的我們而言也是司空見慣，甚至連兩個孩子尚在髫齡之際，就這麼一家四口上山下海，每個人都練就一身自助旅行的功夫，並且青出於藍；如今孩子負笈異邦，一點也無須操心適應的問題。

空巢之後，兩個人揹上背包上路就更輕鬆了，想當年奶瓶、尿布、玩具、小毯子……，沉甸甸的一大包，如今只須管好個人家當就行了。若是體力夠，興趣足，加上一點小盤纏，泊宿荒村野店，就算整晚沒睡，殺蟑螂、打蚊子，還是遊興不減。

從1994年畫遍古老火車站後，就一頭栽進鐵道文化世界的他，這一次探訪舊驛，算是重遊，但對我來說，則大多數是初見面，因為先前那段時間，正好碰上兩個孩子的升學關卡，總要有一個人把關留守。

尤其是海線鐵路，我嚮往已久。從松山到新竹轉海線往彰化接縱貫線，一次又一次的海線長征，變化萬千的車窗景物和溫暖質樸的人情，深深吸引我們走過千遍也不厭。每當經過熟悉的老車站，就如同看到老朋友般親切。幸運的話，還有認識的站務員隔著車窗和我們揮揮手。今天，來到靠大甲附近的「日南」車站，站內風景遠勝站外。月台後方稻浪迎風，左邊裸露出紅土，山勢陡峭的就是聞名的鐵砧山。這座孤立的山丘，山頂有寬闊的平台，遠看很像一方鐵砧。《淡水廳誌》記載道：

夏

「鐵砧山一名銀碇山，自大甲視之不甚高，然欲泊船大安，既見鐵砧，半日方到。」可以想見當初由大陸乘船渡海來台的情景。炎炎夏日，美景當前，有候車亭可蔽日，吃便當、小寐，還可權充畫室，真慶幸有這麼理想的取景角度！

　　拍照時，遇見一位年輕人正仔細地觀察車站四處，還邊作筆記，我不禁又八卦起來，和人家搭訕。他說剛入伍不久時曾搭火車經過此地，但印象已模糊，最近卻夢見自己來到一個名叫「日南」的小站，於是查了火車時刻表，居然真的有這個站，就趁休假獨自從桃園沿著海線尋找夢中出現的場景。一下車，竟和夢中的場景一模一樣，連他自己也覺得不可思議。

　　無論夢境或真實，獨旅的莊嚴和深刻的體會，是人生極其寶貴的生活經歷，像諾貝爾獎得主——川端康成青年時代到伊豆半島旅行的體驗，竟成了日後經典之作《伊豆的舞孃》的構思。

　　由於年歲的關係，也許我失去了千山萬水獨行的勇氣，但有一個旅行良伴，又有明確的旅行目的，心中的踏實與安全感則更為可貴。

車站四季

台南。

站名	台南
建築年代	1936
線路名	縱貫線
驛舍材質	水泥淺色面磚

穿梭在拱門陣中的旅客

陳舊的台南火車站在雷雨欲來的午後更顯得昏暗，步出車站，一個接一個的拱門，將略顯狹窄的大廳團團圍繞。

　　陳舊的台南火車站在雷雨欲來的午後更顯得昏暗，步出車站，一個接一個的拱門，將略顯狹窄的大廳團團圍繞。仰起頭來，挑高的屋頂正面上方是拱形長窗，三面仍是拱門，大門口也是由三座拱門組成。往前走，出入口還是由三個拱門和幾個可愛的小圓窗構成優雅的玄關與迴廊。

　　這座看起來垂垂老矣的建築，其實已是第二代的台南火車站了。它是日治後期建造的，當初二樓還規劃了非常體面的鐵道飯店，如今卻破敗不堪，十分可惜。

　　站在車站前，環顧四周，只見對面大樓賓館林立，想找一家可居高臨下作畫的咖啡館卻不可得。張望許久，終於相中站前右側的警察局。兩個人厚著臉皮，跑到警局說明來意，沒想到人民保姆居然很有愛心，慷慨答應我們的請求，還親自帶我們上樓，二、三、四樓任君挑選，真令人感激涕零。

　　站在四樓陽台俯瞰，可以取得正門及右翼的角度，還穿插一株亭亭直立的椰子樹，整個畫面微帶些許熱帶風情，比起前兩次造訪台南車站所畫的角度更鮮活。只是雷雨前的燠熱，讓專注作畫的人一顆顆豆大的

汗珠從髮際沿鬢角溜溜地順著脖子往下直流。畫到一半時，雨開始淅瀝嘩啦地落下，還夾帶著恐怖的閃電光束和隆隆雷聲。我生平最怕雷雨，吵著快收攤啦，卻被消遣「惡人無膽」！

　　為了捧捧常載我們南北奔逐的台汽客運的場，回程決定坐台汽，比起自強號到松山需七百一十四元，打七折的台汽才三百一十元，我們不但可以買兩張票，還可以外加朝馬休息站旁買一送一的小騎士炸雞。

　　二十七人座豪華商務艙椅的大客車裡，只有七位乘客，車子在大雷雨中疾馳，車內非常安靜。在車上，畫畫的人拿出素描簿添筆修飾，作記錄的人也拿出筆記，開始將這趟跟班的感想、過程詳加整理。沉浸在工作中，時間也過得如同疾馳的車輪，就連什麼時候雨停了，也都沒有察覺。只見窗外一輪紅通通的夕陽，跟著我們逐漸西沉。

夏

　　打開香噴噴的炸雞，正準備好好享用時，前座一陣騷動。司機大聲地說：「有沒有後面的乘客來幫我跟這位老先生解釋一下？」講了兩次都沒動靜。我們原非好事之徒，但看見一位狀似老榮民的乘客和司機扭成一團，車身幾乎蛇行，我們才一個箭步衝向前去。那位老先生大吵要立刻下車，還伸手去抓方向盤；此時驚醒睡夢中的其他乘客，才一起制止他接近駕駛座，一面打電話給高速公路警察局。看起來精神狀態不是很穩定的老人還大叫人家綁架他，不許他下車。此時，平日手無縛雞之力的大畫家居然變身超人，和另一位小伙子牢牢架住使著蠻力的老人，一直到楊梅收費站，車停在路肩，才由公路警察把這名胡鬧的老人帶進辦公室。結束這場鬧劇之前，我們還被請求留下身分證資料，以便日後有事可以為司機作證。想到剛剛才被警察照顧過，也只有勉為其難了。

　　無辜的司機把其餘六個乘客送上另一部開往台北的車之後，還得留下來陪這個老榮民，也不知要攪和到幾點？這幾年來南來北往，利用高速公路、鐵路的機會多了，不知還會碰上什麼鮮事？上天保佑，千萬別遇上劫持事件。

保安。

站名	保安
建築年代	1914
線路名	縱貫線
驛舍材質	日式木造

買票不搭車

白日夢裡盡是一幕幕的古老火車站，彷彿穿過時光隧道，回到百年前縱貫線初通，轟隆轟隆吐著濃煙，行駛於原野的蒸汽火車……

2000年5月，一支汽車廣告在電視上播出，讓緊鄰台南的「保安」和「永康」車站出盡鋒頭，變成明星車站。尤其是木造老站保安，在廣告片溫馨的情節中，展現出無限魅力，從永康到保安的吉祥站名車票，也同時成為熱門商品。「永保安康」，是人與人之間最貼切的祝福，只要花十五元的代價，買一張小小的老式硬票，傳遞給自己想要祝福的人，不但物超所值，更是別出心裁。

不過，在媒體大肆報導之下，人人爭相購買，以致夜市、車站、地攤等，都充斥著各種經過粗俗包裝的車票。過度浮濫之下，迫使一些鐵道迷們甚至提出：永康、保安之間的車票已經變成最沒收藏價值的車票了。

然而，欲一睹保安老站風采的遊客還是一波接一波地來到，雖然沒有集集站那麼熱鬧，但較之1994年初訪保安時，那股純樸靜謐的氣氛已不復得。保安站是現存古老火車站裡保存最完好的一站，原名「車路墘」驛，在1900年就已開業，但1914年為配合仁德糖廠運輸需要而北遷。1993年經整修過的保安站，雖仍維持原有格局，但門前樹齡已超過八十

　　五年的老木麻黃樹幹上，卻被漆上「祝君永保安康」的紅底描黃大字，
看起來既刺眼又俗氣，反倒不如對面一株綠意盎然的羊蹄甲樹下，擺著
幾張破椅子，讓途經此地的旅人有機會小坐片刻，從容地端詳保安風情
來得溫馨可愛。

　　三度造訪的畫家，第一次由於西北雨的關係，躲在車棚，卻意外取
得車站側面特殊的構圖角度，因而畫出一張雨過天晴、充滿南台灣氣味
的油畫。第二次則看上它三角斜頂突出的玄關，並畫了特寫。兩次都只
有他一個人在不被干擾的情形下自由揮灑，這一次卻在熙熙攘攘的夾縫
中取景，總有些許無奈吧！

　　順著站前小路走出去，橫過馬路，有一棟幾乎快傾圮的日式建築，
聽說是日治時代的派出所。正門磚造玄關仍透出舊日官衙的氣派，可惜
兩邊木造屋舍門窗卻已破敗，從外面可以窺得日式房屋特有的「押入」
（壁櫥）和「障子」（紙門），但都七零八落。倒是門前種植七棵姿態優美
的椰子樹，讓人想起中山北路以前上島咖啡窗前也有這樣美麗的景觀，

可惜至今仍沒有人注意到這一棟房舍，下次再來時，大概已被夷為平地了吧！

　　艷陽天裡，坐在漆成純白的候車室，穿堂風吹過，出乎預料地涼快，於是竟不知不覺地打起盹來。白日夢裡盡是一幕幕的古老火車站，彷彿穿過時光隧道，回到百年前縱貫線初通，那如巨獸、如瘋馬般，轟隆轟隆吐著濃煙，行駛於原野的蒸汽火車……

車站四季

多良。

站名	多良
建築年代	1991
線路名	南迴線
驛舍材質	沒有站房

追尋海岸月台

車到「多良」，放眼望去，車站夾在兩個山洞之間：一邊緊挨山壁，懸空架出月台；一邊以護欄擋住，憑欄遠眺，碧波萬頃，盡收眼底。

1991年南迴鐵路通車之後，銜接了台東和枋寮之間的路段，台灣環島鐵路終於完成。尋訪舊驛的足跡較少踏上東部幹線，原因是宜蘭線鐵路雙軌化，北迴線於1980年才完成，花蓮到台東則是窄軌拓寬，所以老車站都已悉數改建；本來宜蘭、花東線上還有幾個老車站，現在除了已被除役的關山舊站之外，幾乎無一倖存。

緊挨著海岸線行駛的南迴鐵路沿線，比起西部幹線的稠密、擁擠，有如一片淨土。南迴線東段有綿長數十公里的海岸線，無垠無涯的壯闊海景。一幕幕車窗風景、一處處陌生站名，在眼前飛馳而過，只是密閉的車廂中，無法觸摸到蕉風椰雨的南國氣息，令人遺憾。車過太麻里不到十分鐘，「咻──」一聲鑽入山洞，再飛快駛出，豁然開朗，竟出現一個緊緊濱臨海岸的無人小站。驚鴻一瞥，火車又快速進入前面的山洞，呼嘯而去。

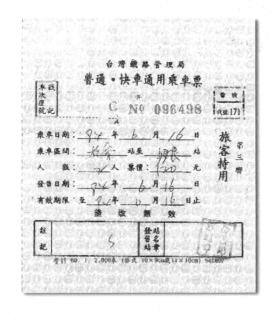

　　我們竟不約而同地懸念起那令人驚艷的小小月台，因此決意改變行程，夜宿枋寮，隔天一早再乘普通車回頭造訪那名喚「多良」的無人小車站。

　　「枋寮」是屏東線的終點，猶記得學生時代從基隆到台北的通車歲月裡，常常看見藍色的柴油車廂掛著「開往枋寮」的指示牌；一個台灣頭，一個台灣尾。對基隆人而言，枋寮簡直遠如天邊，真不知坐那個「柴油快車」晃到「枋寮」，要晃到幾時。怪不得有些住在南部的同學，寒暑假返鄉都要結伴，準備一大堆零食、撲克牌、小說，打算來場長期抗戰。

　　第一次坐火車從東邊的太平洋，穿越中央山脈南段來到「枋寮」，迎接我們的是滿天星斗的燠熱夜晚。草草找一家鄰近車站的小旅館，一打

開房門，腥味夾著霉味撲鼻而來。打開窗戶往下瞧，原來是菜市場。拉上窗簾，媽呀！兩隻黑油油的大蟑螂驚惶飛起，浴室牆角也躲著兩隻，揚著觸鬚，鬼鬼祟祟地瞪人。

　　天濛濛亮，窗外磨刀霍霍，肉攤已經開始支解豬體了。聽到尖利的金屬聲，誰還敢賴床？匆匆收拾行囊，走為上策。

　　在「枋寮」車站買票時，站務員從售票口遞出一張10cm×9cm的「普通、快車通用乘車票」。車票上用人工的方式書寫日期、票價，因為「多良」只是個號誌站，鮮少有人上下，所以連車票都沒印。得了這張車票，如獲至寶，喜孜孜地奔上車去。車窗洞開，海風恣意吹拂，空曠的車廂竟只有我們兩個乘客。火車穿過一個又一個長長的山洞，連車燈也打烊了。一片漆黑中，老夫老妻興起浪漫旅情，相互依偎，哀樂中年，扣動心弦竟在此刻。

　　車到「多良」，放眼望去，車站夾在兩個山洞之間：一邊緊挨山壁，懸空架出月台；一邊以護欄擋住，憑欄遠眺，碧波萬頃，盡收眼底。「鐵道迷」點起一根煙，悠閒作畫。我拍完照，躺在晨光下微溫的月台。耳畔潮聲，聲聲入耳，平日龜毛又戀床的我，居然酣睡在這南迴線的月台上。

　　珍藏這張車票，也珍藏南迴鐵路上一幕幕難忘的車窗風景。雖然「多良」只是一個連站房也沒有的號誌站，卻是尋訪老車站旅路的外一章。

車站四季

關山。

歡迎
2002.6.26
關山駅

站名	關山
建築年代	昭和年間
線路名	花東線
驛舍材質	木、磚混合洋風建築

南國大地的北海道建築

比例勻稱的五邊形中央屋頂，和雖已褪色卻仍保存精細骨架的木製窗櫺，揉合著東洋風與歐風，很像北海道氣派的農舍建築。

花東鐵路上的老車站，早在1982年拓寬窄軌鐵路、銜接北迴線直奔台東之後，就都改建成呆板的鋼筋水泥建築。較之窄軌時代，坐著搖搖晃晃的小火車經過壽豐、鳳林、玉里、瑞穗、關山等一些美麗地名的小站，雖說少了旅情，卻增加了行車速度，這也讓長久以來養在深閨人未識的「後山」美景，能夠因而站上台灣炙手可熱的觀光舞台。

所有台灣殘存的老驛站，幾乎都不在東半部，為什麼？從八堵到蘇澳這一段宜蘭線，早在多年前就因拓寬拆得精光；蘇澳到花蓮的北迴鐵路，則是1980年才完工。所以尋訪老車站，多將目標鎖定在西部及各支線。直到跑完全程之後，覺得應該好好地犒賞自己，作一趟完全不經周密設計的環島獨旅，隨興訪友、任意停泊，單獨享受一下由台灣海峽繞行東太平洋，徜徉中央山脈及台東海岸山脈的南迴旅路。

高高興興揹上行囊，搭車南下，帶著流浪的心，要去朝拜山水。

「一個人旅行多麼寂寞，兩個人旅行真正快樂……」火車通過漫長的山洞，我無聊地哼著自己瞎掰的曲調。又是用餐時間了，平常在廚房忙碌張羅，這時候居然可以好整以暇，倚著一片漆黑的車窗，和自己的側影對唱。離家第二天，心底隱約有些牽掛。掏出手機，想起日劇中思念總在分手後的蠢女人，對著握在掌中的小玩意兒像念咒一樣：「快打

來！快打來！」我怎麼也跟劇中人一樣地蠢啊！

　　姑且相信這是一種念力，手機真的唱起歌來，「你到哪裡了？」才知道老公竟然跟我玩起東西大會合的遊戲，他正以時速一百公里的速度朝南方前進。哈！他宛如暴風圈般地要來攪局，我這單飛的漂鳥必須快快找到棲身之處。從荒涼的台東新站轉接駁車到市區投宿、會合，我們兩個人在鯉魚山下的露天咖啡座閒蕩到深夜。

　　原本是單純的旅行，結果還是忘不了老車站，他早就蓄意要去「關山」畫那棟風燭殘年的老車站。關山舊站和一般三角形玄關屋頂的傳統木造站有著顯著的不同，一眼望去，比例勻稱的五邊形中央屋頂，和雖已褪色卻仍保存精細骨架的木製窗櫺，揉合著東洋風與歐風，很像北海道氣派的農舍建築。這座車站沒有在1982年新站啟用後遭到剷除命運，僥倖殘存至今，主要是因為還有作為倉庫的剩餘價值。它孤單地站立在

烈日驕橫的南國大地下，令人有時空錯置的感覺。

　　關山及緊鄰的池上，氣候比靠近南邊的太麻里、知本涼潤許多，水質也清澈，因此都以生產優質的稻米聞名。不知道這是否與日治時代開墾「後山」的期許有關？以稻米為主食的日本人，應該早已發現此地是培育優質稻米的絕佳溫床，因而特意把關山站蓋得像日本北方的農舍？也或許這只是我穿鑿附會的想法吧！

　　來到關山，一定要嚐嚐關山便當，車站前面就有一家。在門口仔細觀察之後，從排隊購買的人潮可以判定應該有一定水準。雖然剛才吃了兩隻炸雞腿、灌了一肚子可樂，還是決定進去買兩個便當，在火車上細細品味關山米的滋味。

秋。

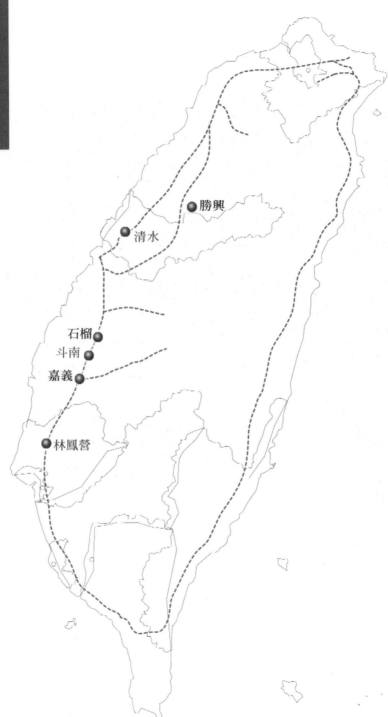

勝興

清水

石榴

斗南

嘉義

林鳳營

勝興。

站名	勝興
建築年代	1912
線路名	縱貫鐵路山線
驛舍材質	日式木造
備註	曾是台灣鐵路最高點，今已停用

舊山線，
新樂園

晚風掠過松枝，坐在空寂的
月台石階，仰望夜空，風塵
僕僕，為追明月，為憑弔勝
興失去的寧靜。

　　幾度造訪這偏僻小站，大多搭著節奏緩慢的普通車搖搖擺擺而來。
現在想要舊驛重遊，對於無車階級的我們，著實有些困擾。從1998年9月
23日舊山線駛出最終列車之後，這棟近九十年歷史，造型獨特的木造老
站就停擺了！

　　本來打算用最原始的交通工具——兩個人四條腿，從三義沿鐵軌走
到勝興，享受放膽行走在鐵軌上的逍遙，而且為了要穿過黑漆漆的山
洞，還早早就把921大停電買的手電筒找出來。然而無巧不巧，親戚前一
晚來電，力邀我們和他一同返鄉吃拜拜，並堅持專車來接。盛情難卻，
我們也就「一兼二顧，摸蛤仔兼洗褲」。

　　這個親戚開車載我們穿梭在到處搭塑膠布棚、充滿廟會氣氛的三義
街頭街尾，連吃三家像流水席的「辦桌」料理。吃了半天，也搞不清楚
誰是主人。一場迷糊仗下來，不僅頭腦混亂，腹中更是五味雜陳。

　　好不容易，離開未散的筵席，離開三義，薄暮已近。沿苗49線道前

往勝興火車站，窄窄的山路居然塞起車來。原來是因為廢山線引起關心鐵道文物人士的關注，使

得頻頻在媒體曝光的勝興周邊如車站、鯉魚潭、魚藤坪斷橋等，都成了週休二日苦無去處之下的「發燒景點」。

　　寂寞的老車站原本以為自己從此解甲歸鄉，萬萬沒料到，居然會有一批又一批可能在它尚未退休前曾經坐快車呼嘯而過無數次，卻也懶得看它一眼的觀光客，包著遊覽車前來。昔日門可羅雀，今日車水馬龍，弄得當地居民發生要生產、叫救護車卻進不來的窘狀。當然，也有生意頭腦動得快的人，趁此大發利市。

　　暮色漸濃，擋在站前的車子陸陸續續開走了，喧囂的勝興總算回復一些昔日的清秀姿容。晚風掠過松枝，坐在空寂的月台石階，月光清冷，斜照在以白漆寫著「十六份」字樣的石砌小斜坡。略帶滄涼的氛圍，像極了日本九州「豐肥本線」上的小站「赤水」──它在九州溫泉鄉「阿蘇」附近。記得當時也在一樣的月光下於赤水下車，準備投宿山上的溫泉飯店。下車時，除了我們之外，四周靜寂，回首驛前，也是木造站房，庭前松影搖曳，像煞了故鄉熟悉的小站。

　　豐肥本線上還有一處「名所」，名叫「豐後竹田」，為《荒城之月》作曲者瀧濂太郎的故居，並建有一座紀念館和瀧濂太郎隧道。車站飄散著滄涼的旋律，引人鄉愁。

　　此時仰望夜空，風塵僕僕，為追明月，為憑弔勝興失去的寧靜。

清水。

站名	清水
建築年代	1936
線路名	縱貫鐵路海線
驛舍材質	水泥面磚

海線中的文化重鎮

這座於1936年4月建造的磚造車站，是海線第一大站，車站屋簷下圓形廊柱間隔比例十分勻稱，整棟咖啡色主體顯得穩重而有氣度。

「清水」昔稱「牛罵頭」，是靠大肚台地、臨大甲溪畔、一個人文氣息濃郁的小鎮，日治時期以文化抗日的名士蔡惠如、楊肇嘉皆出身於此；楊氏晚年歸隱的清水「六然居」，因為馬路拓寬，已遭拆除。另外還有劫貧濟富，讓日本警察為捉拿他而疲於奔命的義賊廖添丁，也出身於此。

清水市街上，日式建築、西式洋樓、閩式家屋並列，歷史悠久的清水公學校目前還留存有十分典雅的舊校園門牆，但是清水車站卻設在較偏遠的南端一隅。聽說1922年縱貫鐵路海線經大甲溪南下，鐵道沿清水平原與大肚台地交界而築，途中會遇上轉彎處，且地勢陡峭，有不易煞車之虞。為了避過彎道，將車站設得離清水的主要街道稍遠，反而靠沙鹿較近，這是比較特別的一點。

這座於1936年4月建造的磚造車站，是海線第一大站，而且比談文、大山、新埔、追分等海線車站都要年輕十幾歲。日治晚期，建築線條趨於簡潔，車站屋簷下圓形廊柱間隔比例十分勻稱，整棟咖啡色主體顯得穩重而有氣度。

未照原定計劃，提前來到清水，是因為前一天夜宿谷關。夜宿谷關

純粹是想偷個閒，享受溫泉
鄉涼爽幽靜的夜晚，也為921
地震後門前冷落的飯店促銷
捧個場。當兩人正逍遙於露
天咖啡座璀璨小燈串下的夜
景中，品嚐惠蓀林場香濃咖
啡之際，手機響起，不能不
接，因為我們賴以維生的
「流浪公司」任何時間都可能
有人來洽公，就算玩樂也不
能忘記工作啦！熱心的清水
文史工作者吳長錕先生，力
邀我們參觀落成不久的「台

中港區藝術館」，並約好於翌日下山到豐原碰面。隔天我們一大早就趕下
山赴約，途經清泉崗空軍基地，先踏查清泉崗機場一段已經廢線的專用
鐵道，之後再到港區藝術館──這一座佔地寬廣、別出心裁的建築，簡直
就是一處名園勝景，經常有包遊覽車來參觀的人群。

　　回程就近從清水車站搭車北上；由於距列車到站時間尚早，就蹲在
站前畫了起來。午後三點多，中部的陽光仍然相當火辣。怕他一個鐘頭
畫下來，可能曬昏頭，我只好一旁撐傘伺候。看來，要當跟班也得要練
就一身水裡來、火裡去的功夫和體力才行吧！

石榴。

站名	石榴
建築年代	1939
線路名	縱貫線
驛舍材質	日式木造
備註	無人車站

先上車後補票

又有一班南下電車停靠，只是連一個上下的乘客也沒有，斜陽照射在那對母女的臉龐，我也無法分辨她們的表情是歡喜？還是落寞？

「石榴」是一個擁有美麗名字的寂寞小站！為了找資料，在網路上搜尋「石榴車站」，出現的竟然是「台鐵最醜陋的車站」。這讓我有些愕然，因為剛剛帶回來的恬靜嘉南平原小站印象並非如此，也許美醜的定義因人而異吧！的確，若單以車站建築本體而言，由於它在1990年8月已被台鐵貶為無人招呼站，年久失修的站房顯得荒蕪疲憊，有一半又被醜陋的鐵皮包住，看起來有點不倫不類。

2001年9月，午後的通勤電車停靠此站，仍然只有我們兩人下車。目送火車筆直穿過嘉南平原呼嘯而去，四處一片靜寂。坐在天橋階下，只聞月台邊長溝流水聲潺潺。低頭凝視溝中清淺水流良久，不禁興起逝者如斯乎，不捨晝夜的嗟嘆。這股傷春悲秋的感懷，卻被譏為濫情。

秋

　　不知何時，站前出現一對母女，兩人席地並肩而坐，稚齡的孩子依偎在母親肩頭，望著一班又一班疾馳而去的快車。不知道她們是只為看火車而來，還是有所等待？

　　從對面月台遙望著她們，讓我想起曾經看過一篇叫作「驛」的小說，背景是在日本海能登半島的一個無人驛站。文中的母女是東京一個商社社長的情婦及他們的私生女，為了隱密這段無法見容於男方家庭、社會的不倫戀情，懷著身孕的女主角自我放逐到一個叫「鹿島」的濱海小村落，只要求社長每隔三個月送一次生活費來。每一次，他們都規避著村人，約好在荒僻的無人驛站會面。住在東京的社長也信守承諾，時間到了，一定風塵僕僕搭火車從東京到「金澤」夜宿後，翌日一早再坐兩個小時的慢車輾轉到「鹿島」小站，三年間都搭同一班火車前來。至於當年腹中的胎兒，也已成長為可愛的女孩。兩人看著孩子在月台玩耍的天真模樣，只有心酸，無言以對。直到社長夫人過世後兩年，才將她

們接回東京。

　　結束兩地奔波、牽腸掛肚的日子之後，有一天，社長再度走一次同樣的旅程。他帶著「金澤」買來的酒，來到空無一人的「鹿島」驛站獨飲，想為過去這一段無奈歲月作一個私密告別。百感交集下，他竟也分不清對這個小站的

情感是憎惡還是懷念……

　　又有一班南下電車停靠，只是連一個上下的乘客也沒有，斜陽照射在那對母女的臉龐，我也無法分辨她們的表情是歡喜？還是落寞？或者，我已沉溺在那小說情節中，現實與虛幻已然混淆。

斗南。

站名	斗南
建築年代	1945（戰前）
線路名	縱貫線
驛舍材質	雙簷瓦頂磚造

想念五分車通學舊事

站前廣場蒼茫寂寥，空氣透出幾許憂鬱氛圍。這樣的氣氛勾起友人的滿腹鄉愁，並惹得他回憶起中學時代天天搭著載甘蔗的「五分仔車」來到斗南站轉車的通學歲月。

帶著眼見美國世貿大樓在鋪天蓋地的濃煙烈焰下相繼倒塌的恐怖陰影，踏上預定的旅途。車上乘客攤開報紙，比刊頭更大的反白字體以及紐約上班族倉惶奔逃的巨幅照片，十分刺眼。雖然遠隔重洋，卻是息息相關，不忍心再看報紙，彼此靜默地向上天祈求居住在美國的至親好友平安無事。

如果要以恐怖攻擊的手段來解決國家民族間的仇恨，並且要平白犧牲那麼多無辜的黎民百姓，這不過是讓死神嘲笑人類的愚痴。微小如我輩，也唯有祈望天佑美國。

一路上無心風景，來到斗南。從車站大門望去，寬闊的站前廣場可以想見從前糖鐵和台鐵在此交會的熱鬧景象。1994年畫家初次來畫此站時，車站右邊還有一個糖鐵斗南站，及一條日治時代由「大日本製糖會社」經營，從斗南通往虎尾、約七公里的「斗南線」。提到這條行駛著「糖鐵五分仔車」的短短鐵路，曾是1950、60年代左右，嘉南一帶通學學生最深刻的記憶。當年，從斗六來的糖鐵火車，搖搖擺擺地駛過台鐵斗南站門前，再匯入斗南線，開往虎尾。

六年前畫家將斗南車站畫成一幅紅灰相間的30號油畫，站前廣場蒼茫寂寥，空氣透出幾許憂鬱氛圍。這樣的氣氛卻勾起前來觀畫的友人，

秋

台北藝術大學教授廖仁義的滿腹鄉愁，並惹得他回憶起中學時代天天搭著載甘蔗的「五分仔車」來到斗南站轉車的通學歲月。熟識的詩人朋友也提及她就讀虎尾女中時，利用五分仔車上學的趣事，所以對斗南車站有一份濃厚的感情……

　　1953、54年是糖鐵客運業務鼎盛時期，之後隨著公路網遍佈，只剩下學生還按時搭乘；到了1982年，就因需求漸少而功成身退。1995年，連糖鐵斗南站也遭拆除命運，現址蓋立體停車場的工事已在進行，但四周圍籬卻有「斗南人誓死反對立體停車場，儘速拆除地上物，還我原來景觀」的反對興建聲浪。

　　短短三百餘年歷史，台灣能夠遺留下來的古蹟、文物原本就不多，加上921大地震，更摧毀了不少自然景觀與人文風景；我想，斗南人抗議的聲音是值得深思的。

嘉義。

站名	嘉義
建築年代	1933
線路名	縱貫線
驛舍材質	RC結構外貼面磚

天橋上的站內風光

爬上通往後站的天橋。哇!居高臨下,站內風光竟也別具風情。

　　帶著故舊重逢的心去探訪睽違經年的嘉義車站,不知何時,站前竟被長長的遮棚擋住了,我們有些錯愕,懷疑這也許是臨時搭建的吧?仔細一看,天啊!居然固若磐石,一列拱形長廊橫亙站前,顯得異常突兀。原本略帶蒼老的驛站,透露出無奈的表情。真不知是哪個天才大師的傑作!雖然極力配合站房本體的拱門設計,但原來弧度優美的玄關拱門,卻被一片長方形木製線路圖給擋個正著。

　　多年前曾畫過「嘉義車站的表情」紅、藍、綠三連作的畫家,此刻的表情大概是黑色外加三條線吧(卡通人物櫻桃小丸子惱怒、無奈時的樣子)!在雜沓的廣場上走來走去,加上四處攬客的計程車司機一會兒台語、一會兒日語地窮攬局,根本無從下筆,兩個人懊惱

得很想立刻打道回府，然而卻又心有不甘，權宜之計，只有爬上通往後站的天橋。哇！居高臨下，站內風光竟也別具風情。橋上行人稀少，正好席地而坐，擺起小畫攤，自顧自地畫了起來。

受不了秋老虎發威，我獨自步下天橋，找一個蔭涼之處蔽日，好整以暇地四處打量：其實台灣幾乎每一個大城鎮的車站前都如出一轍地混亂，曾經集台鐵、林鐵、糖鐵於一身的嘉義車站更是不在話下。

除了混亂之外，它還是個悲情車站，1947年3月25日在這裡發生了一椿慘劇：畢業於東京美術學校，曾以「嘉義街外」一作成為第一位入選日本帝展的前輩畫家陳澄波，時任嘉義參議會議員，因228事件暴亂，受命偕同另外三位參議員共赴嘉義水上機場進行和談，卻反遭槍決，公開槍決的地點正是「嘉義車站」廣場。時代的悲劇，犧牲了陳澄波如畫布上炫麗油彩般熱情的生命，如今想起，仍令人惋惜。

古名諸羅的嘉義，又名桃城，主要是因為它的舊城門由東、西、南、北四個門連成桃子狀，其中西門就是今天的嘉義車站。嘉義車站第一月台北邊是阿里山登山鐵道的起點，而現在的後車站，以前還是台糖五分車的小站。

1906年嘉義大地震，城垣全毀，只剩下東門，日本當局乘機制訂都市計劃，將嘉義重建為全島最現代化的都市。因為阿里山豐富的森林資源，日治當局的確花了相當的心血來經營嘉義，使得原本即工商發達、人文薈萃的嘉義，更是名流、菁英輩出，文藝氣息濃厚。現今仍健在，自號「桃城散人」的前輩畫家林玉山，即出身於此地。

車站四季

林鳳營。

站名	林鳳營
建築年代	1943
線路名	縱貫線
驛舍材質	日式木造

從屯兵地到酪農區

「林鳳營」的地名，是因為明鄭時期鄭成功麾下部將林鳳將軍率部隊在此屯墾而來。現在的林鳳營、柳營一帶，則是酪農區，我們日常喝的鮮奶多數產於此地。

112

　　列車疾馳過廣袤的嘉南平原，經過水上、南靖、後壁、新營、柳營、林鳳營……；一年來兩個人在這條縱貫線鐵路上幾度往返。車窗外，南靖初夏荷風如今只留得殘荷聽雨聲；鐵道兩旁的金黃稻浪，為幾乎終年常夏的嘉南地區帶來幾許秋收的訊息。

車站四季

　　這一帶是台灣的大穀倉，不過1930年以前，水田面積只有五千公頃。1920年，時年三十一歲，畢業於東京大學土木工學系的日本工程師八田與一，耗費十年光陰，建造了「烏山頭水庫」。通水之後，嘉南地區十五萬公頃的不毛之地變成一片綠野平疇。八田工程師和他的家族，直到水庫竣工為止，都住在工地的日式宿舍裡，小他十五歲的夫人外代樹為他生下二男六女，但太平洋戰爭末期（1942年），八田在被徵調赴菲律賓的途中，因搭乘的大洋丸軍艦遭美軍擊沉而殉難。三年後，背負著敗戰與亡夫雙重悲痛的外代樹，在烏山頭水庫的放水口投潭自盡。如今，離林鳳營不遠的烏山頭水庫，還留有八田與一身著工作褲的坐姿銅像，而珊瑚潭畔，則有一部老火車頭與八田夫婦的墓園相伴，默默守護著這位工程師為其投注一生心血的土地。

　　「林鳳營」的地名，是因為明鄭時期鄭成功麾下部將林鳳將軍率部隊在此屯墾而來。現在的林鳳營、柳營一帶，則是酪農區，我們日常喝的鮮奶多數產於此地。此外，還有以「林鳳營」為名的鮮奶，滋味十分香醇。

　　林鳳營車站和隔了兩站的後壁車站都建造於1943年，兩站的建築幾

乎一模一樣，也許受戰局影響，外型較樸素，都屬於平地挑高的木造站房。候車室裡大致仍保持原貌，嵌住紅色木製候車椅腳的磨石子凹槽也仍完好。

在聞嗅嘉南稻香之際，隨想到「烏山頭水庫之父」──八田與一，姑不論日治時代興建水庫是為了解決日本內地糧荒，抑或讓台灣本島長年靠天吃飯的農民因灌溉便利而得以豐饒，烏山頭水庫對台灣農業的確帶來非凡的貢獻。

114

神戶。

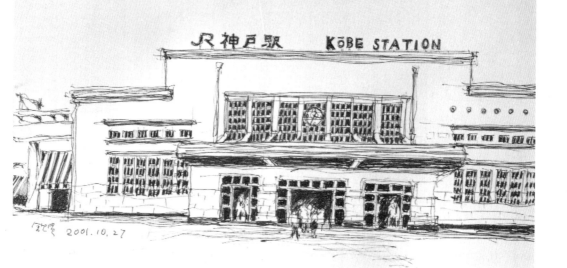

JR 神戶駅　KŌBE STATION

2001.10.27

站名	神戶
建築年代	1934
線路名	日本JR東海道本線
驛舍材質	鋼筋水泥貼深色面磚

台灣留學生渡日的玄關

位於大阪灣的神戶港，在日治時期是台灣留學生出入日本的玄關；留學生下船之後，都要來到不遠的「神戶車站」，搭火車奔向目的地。

　　這一次畫古老火車站的跟班陣容擴大，包括畫家年逾八十的老母親、妹妹，當然我這老班底勢必不能缺席。交通工具除了火車，更動用了飛機。帶了幾個婦孺老弱遠征東瀛，必是一場艱困之役。

　　這趟行程的主要目的，其實是為了帶老母親到神戶去探望在此地留學的寶貝孫女，順便盡一盡為人子媳的孝道，讓老人家體驗自助旅行的新鮮感。行前先在台灣買好日本JR關西四天份周遊券，可以在四天當中無限次搭乘規定範圍中的普通車，或不對號的快車。日本是木造老車站的原鄉，當然不能入寶山卻空手回。貪心的領隊竟想要在短短的五天內，除了觀光之外，又走訪五個分佈在奈良、大阪、神戶周邊的老車站。

　　第一站就直奔神戶地區最熱鬧的三宮，老阿媽看到在候車站迎接的孫女，樂得合不攏嘴。家族團聚，吱吱喳喳地，加上天色已晚，還沒好好打量阪神大地震後的三宮車站長得什麼模樣，就被熟門熟道的女兒帶到一家「放題」餐廳。所謂「放題」，在日文的意思就是「吃到飽」。同樣的道理，那張鐵路周遊券也可以「乘坐放題」啦！

　　放題餐廳一樓是情調義大利餐，二樓是現作鮮魚壽司，三樓有香噴噴、油滋滋的牛肉鐵板燒，只要肚子不怕撐破，隨你遊走各樓面，管他

日本狂牛病鬧得正兇，還是受不了誘惑，大啖牛肉，女兒說：「得病的是高貴的日本牛，這裡用的是澳洲牛或美國牛，所以但吃無妨。」

神戶有風光明媚的六甲山，從山上流下的水清澈甘美，所以酒廠林立，有名的日本清酒「澤之鶴」即產於此地。而位於大阪灣的神戶港，在日治時期是台灣留學生出入日本的玄關；留學生下船之後，都要來到不遠的「神戶車站」，搭火車奔向目的地。

畫中的車站是1934年沿線鐵路高架化時一併改建的；30年代建築風格已逐漸簡約，站內動線非常人性化，充分表現出新速實簡的效率。能逃過1995年阪神大地震的劇烈撼動，照常扮演東海道本線名義上的終點站，比起附近東倒西歪的新建大樓，當年建築技術的確是經得起考驗。

新幹線開通之後，又蓋了「新神戶車站」，逐漸沒落的神戶站雖然榮景不再，卻猶自維持著都會之驛的孤傲風華。當各驛停車的地方線停靠

於此時，月台上乘客顯然比鄰近的三宮、元町稀落許多。

　　背山面海的神戶市，只是一塊狹窄的沖積平原，但光是地面就有阪急、阪神、港島和JR東海道線，還有市營地下鐵和新幹線。無怪乎第一天站在車站旁邊，仰望天空，便盡是縱橫交錯的高架鐵路，穿插於林立的百貨公司之間，阪急、阪神等各家車站對峙，日本關西地區私人鐵道的盛況，真教人嘆為觀止，鐵道王國果非浪得虛名。

奈良。

JR 奈良駅 遠望 2001.10.29

站名	奈良
建築年代	1934
線路名	JR西日本關西本線
驛舍材質	鋼筋水泥

想起咱的高雄

台灣也有一個和它非常相似的車站，就是1941年在大東亞戰爭如火如荼下所改建的高雄車站。建造如此華美的車站，想必是配合南台灣第一大城的身分吧！

120

現存的奈良車站和神戶車站，非常巧合地都是1934年建造的，不過外型卻大相逕庭。較之神戶的簡潔俐落，儀態萬千的JR奈良驛就像一頂望之儼然的帝冠。屋頂正中央高高聳立著螺旋狀、象徵水煙的木刻圓柱，柱頂法輪突出天際，方形屋簷四角垂掛風鈴。這是昭和初年引進鋼筋水泥的新建材與新技術，由關西建築巨匠精心擘劃，為古都奈良打造的巧奪天工的「玄關」。

雖說奈良周邊隨處可見千百年以上的古蹟，但是當地居民和關心鐵道文化的團體，仍然非常盡心呵護這個引以為傲的地標。相較於此地，台灣也有一個和它非常相似的車站，就是1941年在大東亞戰爭如火如荼下所改建的高雄車站。建造如此華美的車站，想必是配合南台灣第一大城的身分吧！

車站四季

　　兩相比較之下，奈良人似乎給他們的車站較充裕的空間，站前仍保留一片廣場，讓過往行人可以從不同角度欣賞驛站之美，也沒有用任何招牌加諸於建築物上。反觀我們的高雄站，寫著「高雄車站」四個大字的燈箱高高盤踞屋頂，車站周遭擁擠混亂，問一問每天利用高雄車站通勤、通學的人，大多數都已經很久沒有抬頭好好望它一眼了！

　　不過，亂歸亂，高雄車站長年以來擔負起南台灣交通樞紐之責，操勞過度之下，看起來當然沒有清閒的奈良車站優雅。素有私鐵王國之稱的關西，重要的古蹟、景點，如東大寺、興福寺等，都有舒適便捷的「私鐵」設站，一下車就可以悠閒散步到奈良公園。少了人潮的老車站，對JR西日本鐵道公司的營運當然不利，但是站在鐵道文化保存的立場，也許塞翁失馬焉知非福呢！

加古川。

站名	加古川
建築年代	1910
線路名	山陽本線神戸線
驛舍材質	和洋折衷木造

神戶線上唯一木造老站

這座1910年建造的老車站，由三個三角形屋頂構成橫長形主體，原是大阪灣港口「櫻島驛」的站體，第一次世界大戰後，櫻島蓋新站時，就將原來的木造站房移築到加古川。

　　從大阪搭乘JR神戶線新快速火車，想要一睹日本三大名城之一的「姬路城」風采，雖不是對號「特急」列車，也只需一個小時。坐在舒適的車廂裡，婆媳、姑嫂有聊不完的話題，完全置車窗風景於度外，倒是那個從今年初到現在已三度旅日的火車迷，獨自倚窗而坐，靜靜享受馳騁的旅情。

　　姬路因有名城而充滿悠閒的觀光趣味，下車後，安步當車，短短二十分鐘路程，各色人種參雜其間。剛好碰上西洋鬼節，一隊隊扮成各種造型的小鬼在人行道上手舞足蹈，十分有趣。參觀完姬路城之後，就要去畫距離此地四站之隔的「加古川」車站。

　　這座1910年建造的老車站，由三個三角形屋頂構成橫長形主體，看起來頗具規模。它原是大阪灣港口「櫻島驛」的站體，第一次世界大戰後，日本空前景氣，原櫻島驛已不敷使用，蓋新站時，就將原來的木造站房移築到加古川。當年可能非以古蹟保存為著眼點，而是物盡其用吧？無意間保留了老站，又讓它為原本支線眾多的加古川站繼續效命。現在從這兒出發的支線大多已廢，唯一留存的北加古川線，在阪神大震災鐵道受重創時臨危授命，擔負起大阪、神戶間迂迴線的運輸功能。

秋

　　出加古川站已近中午，門口有人聲嘶力竭地發表政見，只是言者諄諄，聽者藐藐。聽說就要選舉了，看選情冷清的狀況，投票率可能難破四成吧！反觀台灣的選舉，民眾反應也不若以往積極，政見發表的野台戲碼也一樣乏人問津，眾多電子、平面媒體早已取代這個功能，更何況都是無聊的口水戰。

　　吃過簡單的咖哩飯，有人直奔站前噴水池廣場畫圖，而我們這一群娘子軍，看到近在咫尺的百貨公司，則早已迫不及待地入寶山尋寶了！蓋凡女人，小至未滿一歲，老至一百多歲，幾乎無人不愛美，高齡八十三的勁爆阿媽也「瞎拼」得天昏地暗，實在有夠猛，短短一個半小時，又快又狠又準地買了三件衣服，外加一雙小羊皮軟鞋，倒是我這隨侍在側的小媳婦空手而返。

　　一行人匆匆坐上回大阪飯店的火車後，才發現背負攝影重責的我，竟然忘記拍下加古川車站，怎麼辦？女兒答應改日來拍照後寄回家。

濱寺公園。

站名	濱寺公園
建築年代	1907
線路名	南海電鐵
驛舍材質	洋式木造

系出名門的國寶級車站

仔立廣場看雨夜中的百年老站，彷彿著一身陳舊白禮服的落難王孫，在松枝舞動中低吟淺唱。

京都近郊的保津峽是JR關西周遊券範圍的極限，深秋峽谷楓紅誘人。微寒的天氣中，搭乘饒富趣味的嵯峨野觀光小火車更見悠閒，短短七‧三公里，晃了將近半個小時。從車窗下望，保津川峽谷中泛舟的遊客紛向火車揮帽、熱情招呼，雖然是制式的觀光行程，也讓我們一家老小十分盡興。

自助旅行第三天，阿媽上下火車不計其數，光是月台樓梯，已經爬得老人家腿軟；決定今日早點收兵，送她回飯店睡個午覺。從京都搭乘經大阪到姬路的新快速火車，途中想起昨天忘記拍攝的「加古川」車站。雖說女兒答應改日拍好寄回，但自覺有虧職守，臨時決定由女兒送姑姑和阿媽回大阪飯店，我們繼續西行去加古川補拍照。

脫隊之後，兩人並坐，竟不約而同地大大鬆了口氣。從大阪到加古川約一個多小時，假寐片刻，醒來時，車窗外銜接舞子到淡路島、長達三千九百一十一公尺、號稱世界最長吊橋的明石大橋已出現眼前，堪稱最值得一看的車窗風景。

到達加古川，出站拍照後，旋即搭車回大阪，準備去畫一個歷史悠久的私鐵——南海電鐵於明治年間建造的老車站——「濱寺公園驛」。由大阪輾轉換車到濱寺公園驛，由於這一段路線並不在周遊券的範圍之

內，因此得自掏腰包購票。

　　擠在接近尖峰人潮的電車裡，折騰一天下來，早已筋疲力竭，真想放棄，可是這火車迷一派氣定神閒，躊躇滿志的樣子，我只好忍耐陪他一路顛簸到目的地。

　　黃昏的濱寺公園驛飄著微雨，站前小路旁的商店皆門扉緊閉，比台灣的小車站更見淒清。然而，車站的造型卻宛如一座具體而微的豪邸，正面以古典木柱撐起氣派的玄關，三角形屋頂上懸垂可愛的魚形木刻，還開了四軒貓耳形天窗。光用木材，就可以蓋出這麼出色的建築？是什麼樣的建築師在將近百年前作了這樣的設計？又為何在這麼荒涼的小地方大費周章呢？

　　原來在明治30年代，濱臨大阪灣的濱寺是一片綿延的松林，明治晚期將此地闢為濱海公園和迴轉木馬遊樂園，吸引當時來自大阪等地的大量遊客，而作為玄關的濱寺公園驛，當然也要有一個華麗的門面了。於

秋

是在1907年（明治40年）趁難波至濱寺間的鐵路電氣化，將舊站改建，特別聘請留學英國、曾經設計東京車站的名建築師辰野金吾精心規劃，以配合當年日本國內所有公立公園中排名第一的「濱寺公園」。幾經滄海桑田，如今四周工廠林立，昔日最具人氣的公園，只落得門前冷落車馬稀。

雨絲愈來愈密，從沒落大戶般的候車室裡望著躲在民房淺淺屋簷下的畫圖人，身影已然模糊。這一次果然身歷其境地體會了異國夜車站的情境啦！他的感動自然不在話下。不知何時，站裡已亮起燈來！佇立廣場看雨夜中的百年老站，彷彿著一身陳舊白禮服的落難王孫，在松枝舞動中低吟淺唱。

遠方車燈漸近，坐在乘客稀落的返程火車上，忍不住向雨夜車站說一聲：「莎喲娜拉！」

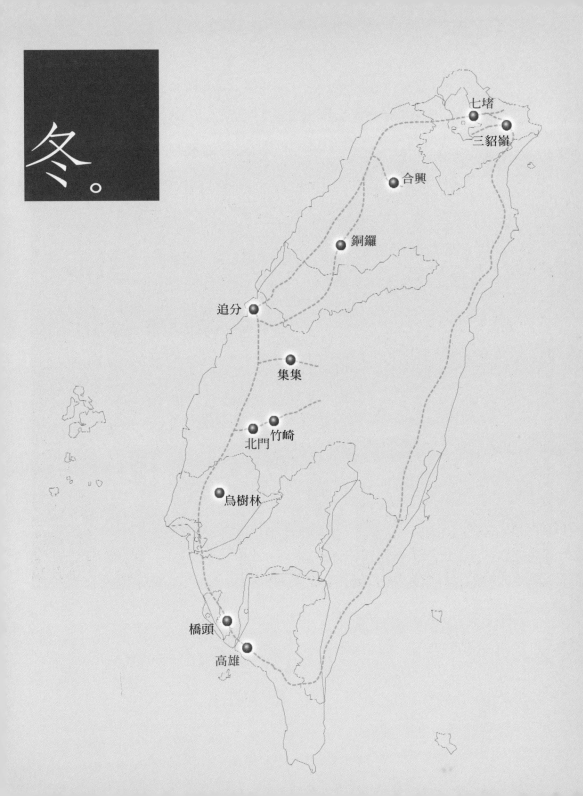

冬。

七堵

三貂嶺

合興

銅鑼

追分

集集

北門　竹崎

烏樹林

橋頭

高雄

七堵。

站名	七堵
建築年代	1912
線路名	縱貫線
驛舍材質	日式木造

困在車水馬龍中的鐵皮屋

這個縱貫線鐵路最北端僅存的木造車站,無法像有些得天獨厚的老車站,受到鐵道迷們百般呵護;為求一勞永逸,居然都包上鐵皮浪板,連僅餘一點驛站風情的欄柵也被拆除。

俗話說「近廟欺神」,近在咫尺的「七堵車站」之所以遲遲未能成行,實在是因為它是一個乏善可陳的破車站,尤其是自從站前廣場硬被闢出一條馬路之後,出站就是紅綠燈,令人十分掃興。畫家翻出1990年的素描稿,瓦頂、木欄柵、石階構成的小家碧玉模樣,十分惹人憐愛。1994年重畫時,圖的右上角就露出紅綠燈信號。1995年大修時,瓦頂、欄柵仍在,但石階已改鋪磁磚。不過它畢竟是目前僅存的十幾個木造車站之一,鐵道迷還是無法棄這老是熬不成婆的醜媳婦於不顧。

這個縱貫線鐵路最北端僅存的木造車站,無法像有些得天獨厚的老車站,如保安、竹田等,受到鐵道迷們百般呵護;任其自生自滅的結果,幾乎搞得灰頭土臉:屋頂、屋簷敵不過經年累月的風吹雨打,為求一勞永逸,居然都包上鐵皮浪板,連僅餘一點驛站風情的欄柵也被拆除;沿鐵道路基築了一片水泥牆,旁邊蓋了一棟只重功能不求協調的大廁所。看到這種景象,真不知該不該畫?變成這副落魄相,可能是造化不好吧!因為站內有個很大的調車場,把前後站的距離拉得很遠,往台北的乘客要走半公里路,穿越涵洞才能到後站搭車,因此很多通勤、通學的人寧可選擇便捷的公路。正在進行中的「南港專案」工程,要將七

堵車站及七堵調車場改建,希望快熬過青黃不接的過渡時期,早日浴火
重生,改頭換面。

　　「既來之則安之吧!」倒一杯熱茶安慰面有難色的畫家,看他打開
素描簿開始工作後,我就信步穿過小巷弄去逛逛菜市場。

　　菜市場是家庭主婦的職場之一,住家附近的菜市場雖號稱全內湖最
大,但久而久之也會職業倦怠。悠閒地遊逛七堵車站旁的菜市場,這裡
看看,那裡摸摸。這和平日採買三餐所需,老是煩惱「今天吃什麼」的
心情相較之下,顯得輕鬆快活。蹲下來和賣大陸古玩的老芋仔瞎扯淡,

順便先探探有沒有好吃的，等會兒要好好犒賞一下五臟廟。

　　不管「醜媳婦」多麼不登樣，還是想費盡心力將它畫得勉強可以見公婆，苦惱的畫家看到我嘻嘻哈哈地拎了戰利品回到現場，顯然有點不平衡。「好啦！趕快畫完去吃大腸麵線吧！」聽到大腸麵線，他的臉色也擺不起來了，隨即合上素描簿，隨我殺進喧嘩的菜市場。穿梭在擁擠的人群裡，有一攤賣港式湯丸的老闆居然對著我們招呼：「兩位藝術家，請來試吃美味湯丸！」「哇！居然有人慧眼識英雄哩！」兩個人一邊互相調侃，一邊走到辣妹麵線攤大快朵頤一番。

冬

三貂嶺。

站名	三貂嶺
建築年代	1924
線路名	宜蘭線
驛舍材質	依原形改建為水泥

基隆河畔人間淨土

走在生銹的鐵軌上，仰望蒼穹，澄澈清明；逃離選戰硝煙，來到這裡，沒有一面競選旗幟，也沒有一部宣傳車輛，真是人間淨土。

　　宜蘭線鐵路於1985年雙軌化之後，原來搖搖欲墜的老車站多已拆除重建，電氣化工程的進行，更讓高架電纜無情地切割了純淨優美的海岸線。不可諱言的，科技文明帶來了便捷舒適，但是對鐵道迷而言，最珍惜的卻是瀕臨消失的鐵道風景。

　　從松山站搭十點十五分開往蘇澳的普通車。在空調車廂已普遍化的今天，各鐵路支線都添購了豪華冷氣車，但為了體驗地方線列車的趣味，故意挑這班車頂有老電扇搖頭擺腦，窗戶仍保留手動式上下開關的普通車。如果開窗沒卡緊榫頭，又不守規矩地將頭手伸出窗外，包準「喀嚓」一聲，窗戶滑落，就像恐怖的斷頭台一般。

　　車上稀稀落落的幾組乘客，大剌剌地將旋轉式座椅翻轉過來，面對面擺起龍門陣，好不快哉。可惜內容不是家族紛爭，就是憂鬱症患者的悲情話題，被迫聽這些雜音，只怕干擾心情，所以乾脆到第一節車廂，在柴油機車頭轟隆巨響中，感受行車節奏。

　　火車沿著基隆河蜿蜒行走，所見之處還是滿目瘡痍——2001年9月17日晚上在三貂角附近登陸，橫掃台灣近五十小時的納莉颱風，帶來空前

136

雨量，基隆河背負「禍水」原罪，水漫沿岸鄉鎮。當然，平溪支線也跟著遭殃，停駛兩個多月。

　　三貂嶺火車站是宜蘭線與平溪線的分歧點，從這裡直行過山洞，是往宜蘭的方向，右轉的終點則為基隆河發源地菁桐。由侯硐到三貂嶺途中，是險峻的河谷地形，峭壁上紋路色澤奇特，宛如名家筆下的彩墨山水。不過，此處卻是個狹窄得沒有一點腹地的怪車站，如果出了剪票口還直直往前衝，就會立刻掉進河裡。本來挨著河邊有條小路，不過也被大水沖垮，所以下車的村民都不出站，而是沿著鐵軌走回家。至於北上月台，也緊緊依山而建，畫面上看起來已是十分侷促的月台邊，長滿了綠茸茸的苔蘚。水沿山壁滴滴答答而下，偶爾會看見頑皮的小蛇表演攀

岩絕技。隧道上方看起來蒼茫險峻的山，就是三貂嶺，翻過山頭，可以到濱海澳底漁村。聽說當年日本兵就是從澳底爬過三貂嶺：這支部隊於隆冬時從旅順開來，到台灣已是五月底，身著笨重冬裝翻山越嶺，等不及戰死，已先熱死。流傳的台灣諺語：「若爬過三貂嶺，就忘記了某子。」即喻其山勢險惡，已自顧不暇，更遑論妻兒。

車站旁，面向鐵軌處有幾間看得出當年頗為考究的民房，多年來已是屋頂坍塌，水災之後更是三面牆壁全垮，只剩下紋飾精巧的立面門牆危危顫顫，有如被棄置的布景，在風中飄搖。由於公路還未開通，長久以來汽、機車都開不進來，對外交通僅僅仰賴班次稀疏的火車。

這因採煤而衍生的聚落，如今只剩下十幾戶人家。走在生銹的鐵軌上，仰望蒼穹，澄澈清明；逃離選戰硝煙，來到這裡，沒有一面競選旗幟，也沒有一部宣傳車輛，真是人間淨土。

鐵路邊的道班房已傳出陣陣菜香，我們受不了誘惑，決定「先吃再畫吧」！於是趕緊掏出自家準備的便當，選一處高高石階，一邊欣賞火車駛出山洞的英姿，一邊享受熱茶配便當。急馳快車裡的乘客，透過緊閉的車窗，也許很好奇這兩個坐在鐵路邊吃便當的人吧！

合興。

站名	合興
建築年代	1950
線路名	內灣支線
驛舍材質	簡易木造站房

有爹疼有娘愛的無人站

隔著車窗，放眼公路下的驛舍、折返式鐵道和遠處紅
頂藍柱的磚造控制機房，在暖暖冬陽下閃閃生輝。

　　合興車站從2000年10月起，已被台鐵降為無
人看管的車站；幸運的是，重獲熱心人士認養之
後，經過細心照顧、梳洗打扮，宛如小家碧玉一
般。相較於同一條線上的「竹中」站，衣衫襤
褸、孤苦伶仃，就更顯「合興」的素樸溫柔。

　　在鐵道迷心目中，「合興」的名氣十分響亮，此處的「折返式車站」
在鐵道設計上有其特殊之處：因為車站地處下坡路段，為避免單軌路線
在會車停靠時下滑，所以在旁邊另闢一條平緩的車道供列車停靠。先到
的火車會開進平面車道，等正線火車通過之後，再倒車折返，滑入本線
開走，會車過程非常麻煩。現今由於車輛的制軔力提升，已不在此會
車，留下一段廢棄鐵道和操縱折返式鐵道的控制室。

　　來此徜徉的旅客，內行看門道、外行看熱鬧，可以憑弔瀕臨消失的
鐵道文化風景，或閒坐漆成褚紅色的木造站房，聽任養車站的義工訴說
一段「追火車」的愛情故事。原來，出資認養車站的「主人翁心算」創
辦人曾先生，在三十幾年前就讀新竹高中時，曾在高三的一次月考時因
睡過頭而沒趕上火車，於是就從「合興」一路和當時慢吞吞的蒸汽火車
賽跑到九讚頭，才在全車的歡呼中上車。同時，他也以追火車般鍥而不

冬

捨的精神，追上當時同車上學的女學生。事業有成之後，曾氏夫婦以愛
心回饋這一段促成良緣的鐵道之戀，也希望藉此拋磚引玉，招來更多鐵
道迷一起追回內灣山城的昔日風貌。

　　要感受內灣線的田野、溪流景緻，就要在過九讚頭後，火車逐漸駛
進山區、穿過山洞，爬坡至南河到達終點「內灣」這一段了。可惜自從
納莉颱風挾帶洪水，造成各支線的慘重災情之後，雖經過大半年的修
復，火車卻仍只通到「南河」站，怪不得從新竹出發時，整節裝潢華麗

舒適的空調車廂，竟只有我們兩個人獨霸。因此，在合興站下車後，不到十分鐘，火車就掉頭開走。等畫完之後發現返程車班稀少，只好從低窪的車站爬上階梯，走到車輛川流不息的第3省道上搭公車。新竹客運招呼站牌寫著「十分寮」，然而和以瀑布聞名的平溪支線「十分寮」不同的是，此處是以煉製樟腦的寮命名。以前製樟腦以十灶為一分，因當地擁有一百灶樟腦寮的土地，所以叫「十分寮」。

　　輾轉的過程中，無論火車或汽車，都是門窗緊閉的空調車廂，無法像過去坐著只掛兩節車廂的普通車，可以悠閒地倚著車窗直接與風對話。隔著車窗，放眼公路下的驛舍、折返式鐵道和遠處紅頂藍柱的磚造控制機房，在暖暖冬陽下閃閃生輝，彷彿被框在畫框中的一幅鄉間風景。

銅鑼。

站名	銅鑼
建築年代	1935
線路名	縱貫鐵路山線
驛舍材質	水泥磚造

客家山歌迎新年

這個典型的客家庄，仍保持著濃厚的山城情調，上了公車，乘客用客家話寒暄話家常，我們雖如墜入五里霧中，卻也體驗了新年新旅路的新鮮感受。

現存早期磚造小站，由北而南如造橋、泰安、清水、二水、橋頭等站，大多都是1935年後興建的，它們的共同特色是水平線條、簡潔、俐落，候車大廳挑高，一邊有便利旅客出站的迴廊和優美的圓弧水泥廊柱，整棟站房呈不對稱造型，「銅鑼」車站也是此類型建築。

為什麼同時期蓋了五、六個看起來像是同胞手足的磚造小站？這也許跟1935年4月21日發生七‧一級的台中大地震有關，整個災後重建工程很快展開，配合水泥新建材引進，重視機能性的平頂建築逐漸取代純日式木造站房。

2002年的第一天，原本想在家享受一個悠閒的假日，可是看見燦爛的冬陽探頭入室，在家虛耗豈不辜負光陰？臨時起意，兩人揹起行囊，欲搭十一點八分松山開往嘉義的平快車，並在松山車站一家菜色豐富的自助餐店挑選美味餐食，打包準備作為午餐。不過，坐在月台等車時，抵擋不過誘人香味，「乾脆趁熱把它裝進肚子省點事」！我的提議馬上得到附和，兩個人一邊對進進出出的火車品頭論足，一邊津津有味地享受一頓提前的午餐。

哇！十一點八分的平快車準時開來，居然是天藍色的復興號外殼！車上原來上下開的車窗都封上「矽力康」，天花板的老電扇不見了，變成

冬

空調車廂。在非字形座椅中，卡一個好位坐下，感覺就好像花普通艙的價錢坐到頭等艙，樂不可支。行車時間分毫不差，果然準點到達「銅鑼車站」。一踏出站外，嘹亮的客家小調響徹站前廣場，原來是捐血車呼籲民眾踴躍捐輸的召喚。廣場上鋪設地磚和長條椅，看來應該是當地人活動集會的場所。可惜的是，龐大的捐血車和未拆的舞台阻擋了原本寬敞的視野；看來看去，要覽得全景就得往高處爬。右邊人行地下道屋頂是一個不錯的據點，看揹著背包的老頑童，像猴子一樣沿水泥小斜坡層層爬上去，高踞一方，我由下往上幫他捕捉這神勇的鏡頭，記錄舊驛重遊另一章。

　　每到一個地方，我都很少錯過四處遊逛的機會。因為有點頭痛，信步到街肆買瓶薄荷油。親切的老闆娘不但熱心幫我查往苗栗的客運車時刻，還以帶著客家口音的國語和我小聊一下「銅鑼」地名的緣起：據說，昔日慣稱山與山之間的圓形平地為銅鑼圈，舊地名「銅鑼圈」，即因

地形名之。此地盛產紫蘇，紫色葉片，味道辛辣，常作為醃漬食物用，如紫蘇梅、紫蘇花瓜等。這個典型的客家庄，仍保持著濃厚的山城情調，漫步街頭，客家山歌隨處可聞，連電視新聞也是客語發音。上了公車，乘客用客家話寒暄話家常，我們雖如墜入五里霧中，卻也體驗了新年新旅路的新鮮感受。

145

鈍寫 2002.1.1

冬

追分。

站名	追分
建築年代	1922
線路名	縱貫鐵路海線
驛舍材質	日式木造

祈求高分幸運符

一陣人車嘈雜聲，有人進來一口氣買了上百張「追分」到「成功」的車票，忙碌地蓋下紀念章。原來它和「永康」到「保安」同屬吉祥站名。

大雨滂沱中，從彰化轉乘海線到「追分」。「追分」與彰化僅一站之隔，卻有遠離塵囂的靜謐。下了車，雨勢仍未停歇，雨水如瀑布般從屋簷傾瀉而下，要找到可以避雨又適合作畫的角度不太容易，但想到兩個人千里迢迢專程來此，難道要鎩羽而歸？當然只有不顧大雨衝到站前民房淺淺的騎樓下，才勉強可以作畫。

我撐著傘，拍攝雨中的站房。鏡頭下骨架均勻的木造小站，在雨水沖刷下泛著微光，庭前積水正好映出比實體更美麗的倒影。

畫畫的人可就沒那麼輕鬆了，頭上小帽幾乎全部濕濡，畫簿也是水漬斑斑，手忙腳亂，看起來很狼狽。站在騎樓下畫了半個多小時，雨愈下愈大，我只好進站避雨，留下他繼續奮戰。

站房內光線昏暗，坐在老舊的木製候車椅上望去，年代久遠宛如老照片般咖啡色調的辦公室，像極了日本NHK連續劇《鈴蘭》裡的主要場景「明日萌」小車站。「明日萌」是虛構的，但那座車站卻是真實的。女主角在襁褓中就被親生母親棄置於車站的椅子上，明日萌站長

冬

收留了可憐的小女嬰，取名為「萌」。幼小的萌，經常落寞地坐在車站的長椅上，度過了她的童年歲月。想著萌悲涼坎坷的身世，彷彿自己也置身於冰天雪地的北海道小驛站，遠遠地看著車頭覆著殘雪的「鈴蘭號」蒸汽火車鳴笛而來。這部火車型號為C11 171，因《鈴蘭》的播出而聲名大噪，乘車率達百分之九十以上，使得目前行駛於北海道的留萌本線，成為非常具有人氣的觀光列車。

陷入沉思的我，忽被一陣人車嘈雜聲打斷，有人進來一口氣買了上百張「追分」到「成功」的車票，忙碌地蓋下紀念章。原來它和「永康」到「保安」同屬吉祥站名，被生意人拿來大發利市。

車站四季

　　畫完了，人也濕透了，坐下來小歇，站長居然趨前詢問是不是專畫火車的李先生？還拿了車票要他簽名。原來站長也是個火車迷！他還特別賣給我們民國88年8月8日「追分」到「成功」的車票，臨走時並送了兩罐咖啡，讓我們充分感受到小站的溫馨。

集集。

站名	集集
建築年代	1930
線路名	集集支線
驛舍材質	日式木造
備註	2002年2月重建落成

置之死地而後生

新站的屋瓦是趁未完全倒塌前，一塊塊小心翼翼地拆卸編號，不夠的部分，還買下鄰近學校的兩間舊教室，拆下屋瓦，才湊齊所需的舊日本瓦數量。

　　集集車站的名氣，較之其他幾個同屬觀光級的古老車站，如保安、竹田、勝興，更勝一籌，主要是因為這條濱臨濁水溪畔的支線鐵道沿線的確是風情萬種，尤其經過眾多關心鐵道文化人士和鎮民的努力，利用周邊豐富的自然、人文資源，將這條原本以產業為主的鐵道，打造成時下最時髦的「知性之旅」景點，並吸引成群結隊的年輕遊客，來此騎腳踏車徜徉山水、造訪古蹟，連幼稚園的小朋友也被老師領著來坐火車、看火車，還有更多包遊覽車從四面八方而至的團體客，當然也不乏抱著鉅細靡遺的旅遊指南，按圖索驥，遠從日本而來的觀光客。

　　「車站」理當是聚焦之處，尤其在經過令集集人心碎的921大地震後，已嚴重傾斜的老站得到各大媒體的募款捐助，和出身集集的企業家葉宏清以「實體捐贈」的方式幫助集集車站重建。此外，並委託清華大學建築研究所，利用現代科技，還原昔日風貌，一磚一瓦絲毫不馬虎。新站的屋瓦是趁未完全倒塌前，一塊塊小心翼翼地拆卸編號，不夠的部分，為求取相同質感，還買下鄰近學校的兩間舊教室，拆下屋瓦，才湊齊所需的舊日本瓦數量。

　　原先台鐵為節省開支，在1991年8月31日把集集線除了水里站之外的所有站房，都降為無人看守站，任憑風吹雨打；殘破剝落的窘狀，經過

地震摧折後，幾乎解體。順便一提的是，在1997年初夏，常年取材鐵道風景作畫的畫家曾受傳播公司之邀，親自下海以集集支線鐵道為主題，拍了一支名為「濁水溪畔的汽笛聲」光碟，將尚未蒙難前的集集線各站及周邊風光悉數入鏡；災變前的蒼翠遠山，純樸自然悠閒的情景，都可以從這支影片中一窺堂奧。片中慢吞吞的藍色車廂普通車，目前已經被空調彩繪車身取代。

　　浴火重生，新站前擠滿遊客，有人叼著冰棒遊逛一旁雜亂的飲食攤，有人乾脆圍坐在枕木長椅上吃臭豆腐、喝啤酒、大聲喧嘩。遠巴巴地跑來此地，若只在這方圓數十公尺的範圍內吃喝拉撒，這樣的旅遊方式令人惋惜。談到「拉、撒」，這集集車站有一個精心設計，應該算是全台灣車站中最有品味的廁所，可惜女廁十間就有四間被貼上「故障」。大晴天，廁所地磚水滋滋地，可是裡面的抽水馬桶卻沖不出一滴水。看到

被折騰成這副狼狽狀的廁所，想到新內閣不是一上任就已經放話要各單位注意廁所衛生嗎？但願新院長暫時沒空到此湊熱鬧，否則第一個被開刀的一定非「集集」莫屬。（編註：因此文完成於集集車站災後重建剛完成之際，遂有當時政情的描述。）

北門。

站名	北門
建築年代	1912
線路名	阿里山森林鐵路
驛舍材質	阿里山紅檜，日式木造

浴火重生的森林鐵道玄關

北回歸線夕日餘暉下，樹影斑駁，和認真作畫的人影交錯著，形成一幅更令人感動的畫面。

　　跟隨一匹識途老馬，南征北討去找老車站，非常有安全感，不管是什麼鳥不拉屎的無人小站，他都能照著火車時刻表接駁得恰到好處。至於每站必停的通勤電車，也還算準時，來回時間都在拿捏之中，不必擔心流落他鄉，夜宿荒村野站。

　　追車站，從各條支線追到縱貫海線、山線，今天又追到阿里山線來了。「北門」站是阿里山登山鐵道真正的起點，離嘉義車站一‧六公里，原先用阿里山紅檜建造的日式站房早已退役，由1973年新建的、面積較大的鋼筋水泥新站取代。1998年5月，北門舊站曾遭回祿之災，右側部分被燒毀，雖然迅速修建，但重新塗裝的色彩太過俗麗，在一些念舊的地方人士反應下，才又恢復綠色基調的素樸原貌。

　　沒有火車行走的鐵軌，落寞地屈居民宅後窗，看在我們眼裡十分有趣，但對當地居民而言也許很無奈，短短的一‧六公里，在蒸汽火車年代，應是木材芬芳、煤煙瀰漫、古意盎然，如今卻已滄海桑田。昔日寬廣的儲木池，早已闢建為文化中心和公園，擠身車水馬龍的夾縫中，短短二十分鐘的腳程，卻令人有「行路難」之嘆。

　　修繕之後的典型日式木造車站，佇立在小廣場一端，孤伶伶的，有點單調，熟於此道的素描高手，特意站在一株枝椏蔓生的老樹前，將樹

入畫，看起來果真逸趣橫生。北回歸線夕日餘暉下，樹影斑駁，和認真作畫的人影交錯著，形成一幅更令人感動的畫面。我常覺得他的人生就像一條擁有源頭活水的潺緩溪流，雖然長達十萬言的藝術家傳記才剛脫稿，身旁雜務不斷，卻總是不疾不徐，在文稿與繪畫的領域中穿梭自如。

車站前的長椅不知何時坐了一個流浪漢，身旁一部五成新的腳踏車上綁著全部家當，和先前在嘉義車站向我們討錢買飯的中年遊民一樣，都是有車階級。這樣乞討範圍應該比較大一點吧！記得今年春天夜逛日本九州的博多車站時，看到一個奇景：晚上十點左右，往來乘客漸稀，車站四處角落卻有人取出牆腳邊綑紮好的紙箱，熟練地圍起或高或矮的小單位。本來我以為是要佈置什麼活動，趨前一看，每個小單位旁都停著一部綁了大包小包的腳踏車，手腳較快的遊民已傳出安眠的鼾聲，也有人還堅持睡前閱讀的習慣呢！隔天一早，去車站搭車時，所有的紙箱

都已收到隱密的角落。看來，遊民們不管天氣多冷，也絕對不許賴床的囉！或許這也是遊民與車站之間彼此的默契吧！

　　等一下我們就要回家了，但是居無定所的遊民，騎著駄負大小家當的鐵馬，不知要停靠何處？很納悶遇到的兩位遊民都好手好腳、耳聰目明，但為何要選擇這樣毫無尊嚴的方式過活呢？

竹崎。

站名	竹崎
建築年代	1910
線路名	阿里山森林鐵路
驛舍材質	木造，玄關屋簷反翹

山中無歲月，悠然享清音

靜默中朝目的地前行是旅路中莊嚴的一刻，可以冥想，可以沉澱一些亟待整理的思維，甚至在轔轔車聲中清楚感受著「速度」。

　　為了一趟又一趟的遙迢旅路，長久以來，我們一直在奔馳的車廂中進行著日常生活作息。今天大清早就起來準備便當，再沏壺芬芳的阿里山珠露茶，灌滿隨身攜帶的小「魔法瓶」，揹起行囊，再作旅人。按照計劃先搭上「國光客運」（台汽前身），到嘉義後再轉市公車到「竹崎」。因為今夏風災連連，阿里山森林鐵路柔腸寸斷，已停擺多時，只好以搭公車的方式去畫火車站。至於搭「國光」，是為了取其清靜，每班車不超過十個乘客，且大多上了年紀，較少行動電話干擾。只是今天一上車，乘客如常，車內卻加裝了好幾台電視，一大早就播放卡拉OK伴唱帶，聲音之大令人坐立難安，我只好上前求司機大人開恩，可否放棄這項服務？他竟說我剝奪他人權利。「難道我沒有不聽的權利嗎？」我近乎哀求，他才教乘客使用座椅上的音量、頻道開關，殊不知這只是形同虛設，根本不靈光，最後居然要我向車上七個乘客進行表決，幾個阿公阿媽不置可否，車裡終於安靜下來。

　　靜默中朝目的地前行是旅路中莊嚴的一刻，可以冥想，可以沉澱一些亟待整理的思維，甚至在轔轔車聲中清楚感受著「速度」。有時啜一口熱茶，閒話家常，或看看書，時間到了，就打開便當悠閒用餐，省卻到處覓食的費時費力之苦；下車即直奔目的地，這樣就算二、三百公里長

征，也可以當日來回。

　　夾雜在一群婦孺老弱隊伍中等候十二點二十分的公車，卻遲遲不來。到了三十分，另一部車的司機吆喝著「竹崎──」，我們匆忙上車，一坐定，原訂二十分往竹崎車站的車卻一溜煙開跑了，原來這班車只到竹崎老街。看來，車站的時刻表大概僅供參考罷了！

　　帶著遊逛閒情穿過老街，很快就到海拔一百二十七公尺的「竹崎」車站，這裡是阿里山鐵路平地線與山地線交會之處，過了此地，火車就開始卯足勁上山了。

　　因為風災，鐵路尚在搶修中，火車已停駛多時。站房內的小黑板寫著「90年10月客運停駛」的字樣，站務員懶洋洋地把兩條腿擱在辦公桌上，逕自陶醉在哀怨纏綿的台語老歌吟唱中，一派悠閒，雖南面王而不易。竹崎站是阿里山線僅存的三個木造車站之一，現在仍售票營運，而北門舊站和鹿麻產站則已經歇業了。

　　由於鐵道文化資產逐漸受重視，林管處也不敢輕忽，趁停駛期間維修站房，候車室內凌亂堆放著砂石、油漆；我半躺在一張不知哪兒來的破搖椅上，在徐徐微風中打個小盹，等待那辛苦作畫的人。相形之下，我似乎太享受了吧！

　　鄉間的蚊蚋非常欺生，靜止不動時更是群起攻之，這個畫痴實在後知後覺，手腕被咬成密密麻麻的紅點才發現，還好打開八寶乾坤袋、取出隨身攜帶的奇效藥油，塗抹後立即見效。

　　此地不宜久留，快快畫完，改由朴子溪畔親水公園散步回到竹崎老

街，居然在這裡意外發現遍尋不著的阿里山線「林鐵32號」蒸汽機關車。這個火車迷如獲至寶，他說：「下次專程來畫它！」已經畫完一百台蒸汽火車，還不嫌累嗎？這個有歷史癖的人，對年代愈久遠的東西愈感興趣。換言之，不知對我這個婚齡已有二十七年的「古董級」牽手，是否也愈看愈有趣呢？

橋頭。

站名	橋頭
建築年代	1935年改建
線路名	縱貫線
驛舍材質	水泥磚造

民主運動的引爆點

「橋頭車站」是個不起眼的磚造小站,「橋頭鄉」也只是鄰近高雄市的小鄉村,但在台灣民主運動史上,卻是一個引爆點。

車窗風景由年初到歲暮,依時序更迭,春日皚皚如雪的油桐、盛夏熾烈似火的鳳凰花、秋日滿山遍野的芒草。今天搭慢車往「橋頭車站」,放眼窗外,一波波艷黃花海,為亞熱帶的雲嘉平原帶來一片璀璨的初冬田園景色。火車停靠「保安」,從敞開的車門,隨風飄來鄰近糖廠絲絲清甜蔗香。再往前行,沿鐵路兩旁,黃花像浪潮一樣覆蓋了阡陌,讓我這個五穀不分的「街仔憨」都看傻了眼。

「喂!上個月經過這裡不是一片水稻嗎?難道這就是旅遊版上炒得炙手可熱的油菜花田?」我有點不敢相信自己的眼睛,誰是大地的魔術師?

「阿笨!油菜花從撒種到開花只要四十幾天。入冬前二期水稻收割後,休耕期的水田先撒下油菜種子,等成長之後,繁花落盡就開始整地,把油菜花犁進田裡,當成有機肥,再過半個月就可以插秧啦!」

看來這畫家果然見多識廣,趁機給我上了一堂生物課。

冬

　　「哇！好一個落紅不是無情物，化作春泥更護花，原來油菜花還是種植水稻的功臣呢！」一路上談論花事，不知不覺已到「橋頭車站」。

　　「橋頭車站」是個不起眼的磚造小站，「橋頭鄉」也只是鄰近高雄市的小鄉村，但在台灣民主運動史上，卻是一個引爆點。1979年1月22日，前高雄縣長余登發父子以叛亂罪嫌在橋頭家中被捕，震驚當時已漸成政團氣候的黨外人士。22日，黨外人士聚集橋頭，自余家步行到「鳳橋宮」，展開反政治迫害的示威遊行，突破實施戒嚴令四十年來禁止政治示威運動的封鎖線。「橋頭事件」打破長年以來的禁忌，為民主運動帶來新契機。之後余登發父子保外就醫，回到橋頭「八卦寮」故居。1989年9月13日，風燭殘年的黑派掌門人余登發被發現死於八卦寮故居的血泊中，引發了許多政治謀害聯想，究竟是因被衣櫥壓倒意外身亡或是他殺？至今似乎仍各有說法。

　　和絕大多數車站一樣，「橋頭」也座落於路端，出站幾步就是車水馬龍的公路；主體和泰安、造橋、清水等站相近，廣場周邊停靠著許多摩托車、腳踏車，可見當地民眾仍然利用它南來北往。比起被廢的泰安站，橋頭數十年如一日，忙碌而認份。本來，畫家對自己如何表現這些宛如孿生兄弟般的磚造小站幾乎有點困惑，不過當創作遇到瓶頸時，雖然惱人，但在苦苦思量後卻出現了轉機，這可又是另一番新天地了。

　　尋覓到理想的切入點，開始打稿作畫，有一對騎機車、學生模樣的男女，趨前輕聲問道：「請問您是畫火車站的李欽賢先生嗎？」在小車站遇到同好，互相交談間感受到的溫暖和鼓勵，讓畫畫的人更帶勁了。台灣的火車迷年齡層大多分佈在二十至四十歲之間，男性約佔八一％，女性約十九％，興趣多為鐵道旅行、小站巡禮，或蒐集車票、鐵道模型、攝影等等。這對年輕人是高雄師大的學生，騎著摩托車正進行老車站巡禮。

　　望著他們遠去的青春背影，我們突然間很羨慕，卻也很後悔，如果早在二十幾年前，就把追逐古老火車站當作愛情長跑的旅路，那個年代的車站幾乎可說是站站皆保有原汁原味的古老火車站，如此則除了談情說愛之外，還可以為後世留存更多老台灣的影像呢！

高雄。

站名	高雄
建築年代	1941
線路名	縱貫線
驛舍材質	帝冠式水泥建築

帝冠威儀逐漸隱沒

由車站正對面的小花壇瞻望，只見造型細緻優雅的屋
簷、樑柱，被霸氣的慶典牌樓包得花花綠綠，昔日傲
視群倫、氣派非凡的帝冠式建築，幾乎快被周遭如雨
後春筍的建築物吞沒。

　　一年來，四處走訪老車站，卻經常遇到正在進行工事，周遭圍籬橫
七豎八，站裡站外大興土木，就連我們時常出入的台北、松山車站四周
也是如此。來到高雄，鐵路開始地下化，新車站的大工程也是左右包
抄。由車站正對面的小花壇瞻望，只見造型細緻優雅的屋簷、樑柱，被
霸氣的慶典牌樓包得花花綠綠，可憐的老車站陷身於混濁的空氣及高分
貝的噪音下，昔日傲視群倫、氣派非凡的帝冠式建築，幾乎快被周遭如
雨後春筍的建築物吞沒。比起早它幾年興建，也是帝冠式代表作的日本
JR奈良站備受呵護的待遇，高雄車站只有徒呼奈何，畢竟它肩負著台灣
縱貫鐵路終點站的重責大任！

　　如何在一片混亂中留取老站風華？這長年追逐於鐵道的旅人，左思
右想後，決定拉出距離，抽離肉眼障礙，找出車站素顏。我們登上站前
「麥當勞」三樓，隔著透亮的玻璃窗俯瞰「高雄車站」。此時，垂垂老矣
的驛舍籠罩於黯淡天色中，難得寒風掠過樹梢，平添幾許淒冷冬意。

　　50年代前後，當火車還扮演南來北往交通的重要角色時，車站當然
是上演悲歡離合的舞台。想到有一首由台語歌王郭金發唱出的《高雄發

冬

的尾班車》，難分難捨的感傷曲調──忍耐著滿腹傷情要分離，月台的燈
火影淒清引心悲，等待伊表明心意，離別是暫時，高雄發的尾班車，推
動心綿綿。看火車離開月台，憂愁流目屎，咱今宵離別後，相逢何所
在？為情愛苦悶心內，此情誰人知？高雄發的尾班車，推動心悲哀。

　　還有另外一首由方瑞娥主唱的《哀愁火車站》──夜快車玻璃窗外
點點雨水滴，無情的電鈴聲響亮著四邊，催阮的目屎流滴，心內痛苦無
比，高雄發尾班的北上快車十點三十分，啊……哀愁火車站第二月台。
將雨夜車站賦別的愁緒表露無遺。想到當年交通、電訊不便的時代，兩
地相思只能靠書信傳遞，「情書」成了美麗與哀愁的記憶，而「情歌」
也許正訴出思念故鄉愛人的衷曲吧！

　　半個世紀以來，在高雄人的共同記憶中，宛如帝冠的美麗終點站，
在時代巨輪下，已無法獨領風騷，取而代之的將是高鐵、台鐵、捷運共
構的超高大樓，想到這裡，不禁又要低吟「最後的火車站，到底在何
方」？

為配合高雄車站三鐵共構，決定採取總掘工法進行遷移，由吉普營造公司承攬遷移工作，平行遷移整座建築物至八十五公尺外的台汽車站後空地暫時安置，遷移經費約一億台幣，未來將規劃為火車站博物館。2002年3月27日晚上十一時四十分，由舊站發出的最後尾班車，讓這座帝冠建築正式走入歷史。

冬

烏樹林。

站名	烏樹林
建築年代	1946
線路名	原糖業鐵路
驛舍材質	日式木造
備註	烏樹林糖廠的「田野列車」，每星期二至星期五上午十時和下午二時三十分有一班開往新頂埤的「五分仔車」。星期六日為上午九時三十分、十時三十分、十一時三十分。下午則為一時三十分、二時、三時三十分、四時三十分，共七個班次。票價為成人一百元，兒童八十元。

從沉睡中甦醒

望著雜草修葺一空，漆成鮮艷多彩的運蔗五分仔車停靠驛前蓄勢待發，心中況味雜陳，沉睡多年的老站甦醒之後，不知有什麼話要說？

　　要進入烏樹林糖廠前約一公里的小徑，兩旁原是茂密蔗園，近年來由於本地製糖成本無法與進口糖品競爭，已改植其他經濟作物，目前廠區以培育蘭花等精緻農業為主。循著窄軌鐵道去追尋糖跡，一路前行，不再製糖的糖廠為何仍飄散出甜絲絲的蔗香？從1979年糖鐵客運停駛後，荒蕪多年的鐵道是否又再現新生契機？

　　進入廠區大門，看到重整門面之後的烏樹林車站又再度開張。闊別多年，曾於1996年盛夏為「國土散步」尋訪產業風景來到此地的畫家，在他彩筆下的「烏樹林車站」，幾乎快被左側盤根錯結的老榕樹壓垮，垂老驛舍，垢面蓬頭。今日重逢，望著雜草修葺一空，漆成鮮艷多彩的運蔗五分仔車停靠驛前蓄勢待發，站場充塞著一股歡樂休閒趣味，心中況味雜陳，沉睡多年的老站甦醒之後，不知有什麼話要說？

　　本來糖鐵只是為了製糖等相關產物運輸而鋪設，但事實上鐵路與鄰近大小鄉鎮

冬

都有銜接，自然而然地也挑起地方交通的責任。1944年6月30日，當時的台灣總督長谷川清，批准明治製糖從新營到番社之間的客運路線，從此開啟了此地糖鐵運輸旅客的首頁。烏樹林原本只是個簡陋車站，1946年12月才建造現今的木造車站，素樸自然的造型與勻稱堅固的結構絲毫不比縱貫鐵道上殘存的老車站遜色，本地人通常稱之為「驛頭仔」。一直到1979年9月，終因趕不上現代生活步調而逐漸式微，結束客運業務。

漫步廠區，冬陽下暖風送來糖香，棚下一口大鐵鍋滾滾冒著沸騰的氣泡。現場正展示著如何透過古法來熬糖，我也花了一百元買回印著「勝利號」火車紙盒包裝的蔗糖。說起這部誕生於1949年、產自日本的「五分仔」汽油客車，不但曾經在1957、1958年客運全盛時期創下每天幾千人次載客量，累積行駛八十八萬公里的輝煌紀錄，還常在鄉土電視劇中亮相。現在它靜默地停在烏樹林站場，車內的老骨董木製地板和長條座椅，已成了不識五分仔車滋味的E世代眼中的新鮮體驗。

冬

台灣鐵道後花園

單身旅行

　　過去一年，為了找尋台灣舊驛風景，持續進行著周密計劃的雙人旅行告一段落後，我忽然想離家幾天，不再預訂車班、住宿，隨興環繞台灣一周。

　　年過半百的幸福主婦要獨自外出流浪，居然備受質疑。遠在國外的女兒知道媽媽要一個人出遠門，有點不放心，她說：「阿爸一定要怪我把妳教壞了！」因為她就是一個經常孤身走遠路的人。對於女兒的獨旅，我可是羨慕、祝福多過於擔憂。至於兒子的反應，表面上酷酷地說：「高興妳就去，可別忘了要留下這幾天的飯錢。」私底下卻擔心媽媽是不是要離家出走了。結婚二十八年，我可還沒創下翹家紀錄呢！這兩個傻瓜竟沒想到：有正式告知的旅行，怎麼可以算「離家出走」呢？至於我的專屬遊伴，則帶著醋意睨著我，一副「翅膀長硬了喔」的表情。更令人挫折的是，聯絡多年不見的老同學，她居然也抱持懷疑態度。然而我已決定瀟灑動身，不再像每次和家人以外的親朋好友出國旅行以前，寫了滿滿一張愛的叮嚀貼在冰箱門上。

　　去高雄，想瞧瞧已經除役，準備整座搬遷的老火車站，順便拍個照。接近學期末的客運站，擠滿歸鄉或結伴出遊的年輕學子，長途客運

雖較顛簸，但行進
中沒人隨意穿梭，
比較清靜。上車之
後，看見車上電視

貼了張寫著「故障」的白紙，心中暗自竊喜。找到座位後，先脫掉鞋
子，盤起腿來，書和筆記都丟進網籃，水擱在瓶座上，擺好陣仗，翻開
那本很難讀的《都柏林人》，準備猛啃它一頓。

從帝冠殘影到鳳山古城

　　到高雄，已近黃昏，圍籬下的舊驛舍瑟縮在燈火通明的新站旁，從
1941年改建迄今，就一直守護著港都人的古老帝冠式建築，在次第模糊
的暮色中，對比出強烈的蒼茫，最後火車站的憔悴容顏令人心碎。

　　多年不見的老同學，仍是嘮嘮叨叨地嘟嚷著，容顏會改變，但她說
話的習慣卻讓我一下子重回學生時代兩人抵足而眠的歲月。那個時代有
句話是用來形容女孩子之間的親暱：「結頭鬃仔尾」──好得連編辮子都
要編在一起，從不用擔心人家說什麼。見了面，兩人就從晚餐聊到熄燈
還不肯閉嘴，「話比貓毛還多」；隔天大清早，只好頂著兩圈熊貓眼隨
她去鳳山車站，她趕搭屏東線電車到「麟洛」上班，而我則在鳳山車站
悠哉悠哉地等著下一班開往台東的莒光號列車，隨人潮漂流向南迴。鳳

山是陸軍官校所在地,車站前的「蔣介石」銅像是否依然佇立?一群年輕官兵穿梭在鳳凰樹下,細碎的羽狀葉片,透過晨曦光束,輕輕飄落在野戰服上。擋開蝟集的計程車陣到處亂走,經過一條橫向的馬路,水利會旁有一座紀念當年修築鳳山水利工程的「曹公祠」,再彎進小巷裡,居然見到古意盎然的卵石古砲台;無意來到陌生城鎮,卻瞥見古城一角。

高屏溪鐵橋與中央隧道

橘色列車徐徐出站,隔著車窗,鳳山的聲音、氣味剎那間遠颺。緊盯著窗外,號稱台灣鐵道第一長橋的高屏溪舊鐵橋已入眼簾。二十四座弧形鋼樑跨越寬廣河床,可以想見當年造橋工程的確十分艱辛。負責設計的日籍工程師飯田豐二好不容易於1914年才完全克服重重險阻,卻無法親見大橋竣工而先行離世。列車正減速通過新建的雙線橋樑,趁機和這已晉級為鐵道文化財的古老鐵橋打個清楚的照面。

飛馳過暮春才造訪的「竹田」小站,迎風招展的檳榔林款擺於美麗的南國大地上,在「加祿」會車後就鑽進南迴鐵路的第一個隧道。出隧道後眼前一亮,南迴公路依偎著大海,海面堆積的白雲宛若一座銀色山巒。終於看見海了!生長於港市,卻長居盆地的我,竟在一趟未經仔細設計的旅路,來到海之濱。火車迴繞中央山脈南端尾稜,沿大武山脈前進,全長不過九十八‧二五公里的鐵路,光是山洞就佔了三分之一以

上，碰到山壁就鑿洞，經過河川就架橋，一路行進如同過五關斬六將。出「枋野」，乾涸溪谷間只見一條細小河流，迅即又鑽入漫長的山洞。過了這座八千多公尺長，穿越中央山脈，號稱台鐵最長的中央隧道之後，火車已從台灣海峽繞進太平洋濱。

車廂風景

倘若旅行只是匆匆趕往熱門據點，買土產、拍下到此一遊的證據，然後在深山夜晚捨棄萬籟，狂唱卡拉OK，這樣無法感知、貼近土地的行徑，卻又急著要誇耀自己的旅遊版圖，是我所痛恨的鄉愿行為。

隨意筆記旅次點滴已然成習，卻引起鄰座老阿公的側目，頻頻窺探。不過我那小得像螞蟻的字跡，大概非他退化的眼力所能及的吧！他一時技癢，也從旅行袋掏出一本尚未拆封的筆記，用黧黑粗糙的手握筆，不知他在寫些什麼？比起前座一群結伴旅行的都會老人，國、台、日語參雜，大聲喧嘩，慶幸總算有個能以書寫打發旅途寂寞的鄉間老漢為鄰。

南迴鐵路蜿蜒在中央山脈和太平洋沿岸間，綿長壯闊的海岸線，滿車廂旅客皆視若無睹，有一覺到底、有抱電話一路哈拉、有呆若木雞、有沿途狂吃猛喝，就是不見靜靜欣賞車窗風景的人，包括方才喧鬧的都會老人旅行團，也早就睡得歪七扭八，口水都快淌出來了。

　　記起一首名為「愛の終著驛」的日本歌曲，吟唱著馳走於海邊的寒冷夜車上，以雙膝頂著信箋寫訣別信給愛人的痴心女子，隨著列車搖晃而紊亂的字跡，宛如愛的迷航，折起含帶著海洋氣味的白色信箋，寄給無法廝守一生的戀人。這樣淒美的情境，在此起彼落的手機聲中，早已成為絕響，能夠領會的大概只有靠魚雁往返互訴衷曲的那一代了。

　　我所知道、把車廂當書房寫作最見效率的人，大概就是我家那個快要「著作等身」（直著擺）的人了；五短身材要「等身」，總比昂藏之軀要快得多啦！宜蘭線鐵路還沒電氣化之前，整條鐵路的天空線澄淨清朗，沿線如大溪、大里、石城等，都是面海的小站。他常搭普通車，在乘客稀少的車廂中開筆，當火車停在幾乎無人上下的小站時，他就下車，隨便坐在月台的破輪胎上繼續寫作，等下一班北上的火車。這樣往返一趟，就可以推進一個章節，許多作品都在鐵道上完成。不知是為了回報火車提供給他這樣廣闊的寫作天地？還是日久生情，促使他日後瘋狂愛上鐵道寫作、繪畫？年久月深，連我這個本來只管做便當讓他安心上路的人，乾脆也再多做一個便當，跟著到處遊逛。

海岸月台

　　聽不到海洋的呼吸，卻見它寬闊溫柔的胸膛起伏，瀲灩波光一路迤

邐，過多良1、2號隧道之間，孤懸公路上方山崖的「多良」車站，是個無人看管的小站。多年前，兩人特意結伴搭慢車前來這座海岸月台，憑欄遠眺，諦聽千濤拍岸，望海高歌。豈料樂極生悲，下一班火車要熬上七個小時才會停靠，我們可能會在毒辣的太陽下曬成肉乾，只好下公路求救。幸好鄉間客運司機十分親切，免費讓我們乘坐，並在半途攔住一輛回台東的客運，算是及時解了圍。

看見車窗外綠意盎然的釋迦園，火車逐漸接近人煙聚落。「太麻里」到了，車廂內一陣騷動，許多人準備下車，我的手機識相地趁亂響起，「我正在往台東的火車上，你到哪裡了？」這才知道老公竟跟我玩起東西大會合的遊戲，大清早從台北搭火車千里尋妻來了。

台東車站，獨向黃昏

現在到台東的火車，都只停靠台東新站。原來的台東火車站是北迴線延伸花東後重建的，本來饒富情趣的窄軌小火車，在緊湊的現代化腳步下已成為歷史。1982年東線拓寬後，火車仍然由新站繞行舊站停靠。這一段突出的短短線路，熟知鐵道的人稱之為「盲腸線」。如今「盲腸線」被切斷，不知台東人怎麼想？至少對遊客造成極大的不便。

　　揹著行李，一路輾轉來到台東市區，和老公說好由先抵達的人去找今夜投宿之處。熱浪逼人，胡亂走進廢棄車站旁的飯店，這是我生平第一遭流浪找旅館，跟以往結伴旅行、預訂飯店的心情有點不一樣。不過我故意表現得老神在在，飯店生意蕭條，侍者陪我挑房間，直到滿意為止。

　　在飯店房間裡臨窗下望，從七樓俯瞰，台東車站周邊景色盡收眼底，對面是出名的鯉魚山，站前有林木蓊鬱的小公園。聽說這園裡的樹長得太高，擋住站前那條鐵花路的商機，還惹得人嫌呢！說起鐵花路，可是大有文章，1892年（光緒18年）胡適尊翁鐵花先生曾經單身到台東赴任，到1895年8月18日因為在台灣染上嚴重的腳氣病，病到不能行動，才離台內渡，8月22日就病故了。傳聞中的後山風土病，果然可怕。

　　午後斜陽把台東車站拉得長長的，銹蝕的鐵軌、圓形的轉車台，伴著被遊民入居的殘破站房獨向黃昏，本來應該迎接下班、下課人潮的車站，卻靜得有點詭異。門鈴響起，突發奇想前來會合的人，一身短打地出現在眼前，單飛已然結束。相偕到市場買鮪魚沙西米，拎著啤酒回飯店享用，美其名是為了明天再訪多良和關山舊驛儲備體力。

關山舊驛

　　這回沒那麼呆了，大清早搭鼎東客運去多良拍照，順便問妥回程車班。晨光下，多良火車站紅色護欄的影子一根根清晰地映在乾淨的月台上，一前一後的兩個山洞張著圓形笑口，親切地招呼難得一見的稀客。為趕車無法久留，匆匆下到南迴公路邊的樹蔭下等回程客運，海就在腳下，潮聲起落清晰可聞。

　　鼎東的司機為善待外地人，竟可無視交通規則；知道我們要去關山，居然半路攔住一班已經出站的客運，讓我們當街跳車轉乘。去關山是為了找一座廢棄多時的日式木造驛站；這座驛站在花東線拓寬、新站落成之後，就暫時被當作倉庫使用，也因而才得以倖存迄今。然而，仿日本北陸農舍建築的驛站佇立在南國的土地上，就像落魄異鄉終老的遊子，滄涼破敗，無人理睬。

　　行腳到此，可以是終著驛，也可以再飄浪。想為畫好的關山舊驛素描蓋個紀念戳；年輕的站務員客氣地捧出一個小木盒，有大小兩個圓戳，讓我們自己隨意蓋。順便抬頭看看時刻表，半小時後有一班車直接開往台北。誰也不肯先提要回家，卻不約而同地掏出荷包；倦鳥終於知歸。去車站前買了兩個「關山便當」，在花東山嶺送別下，一路搖晃北上。這次搭上了親子列車，前後都坐著帶小孩的乘客，稚齡小兒難耐旅路遙迢，哭鬧聲不絕於耳，可苦了照料他們的阿公阿嬤，和爹娘了。

國家圖書館出版品預行編目資料

車站四季：鐵道旅路的季節體驗／謝秋霞 文；
李欽賢 圖. -- 初版 -- 台北市 ： 玉山社，
2004〔民93〕
　面 ： 公分. --（生活.台灣.人文；2）

　ISBN 986-7819-49-7（平裝）

　1.鐵路車站-台灣 2.台灣-描述與遊記

673.26　　　　　　　　　92023505

生活‧台灣　人文2

車站四季—鐵道旅路的季節體驗

文‧謝秋霞
圖‧李欽賢
發 行 人‧魏淑貞
出 版 者‧玉山社出版事業股份有限公司
　　　　　　台北市100仁愛路二段10-2號1樓
　　　　　　電話‧（02）23951966
　　　　　　傳真‧（02）23951955
　　　　　　電子郵件地址‧tipi395@ms19.hinet.net
　　　　　　玉山社網站網址‧http://www.tipi.com.tw
　　　　　　郵撥‧18599799　玉山社出版事業股份有限公司

總 經 銷‧吳氏圖書有限公司
　　　　　　台北縣235中和市中正路788-1號5樓
　　　　　　電話‧（02）32340036　（代表號）

主　　編‧游紫玲
編　　輯‧蔡明雲　張立雯
版面設計‧魔豆工作室
行銷企劃‧魏文信　許家旗
法律顧問‧魏千峰律師
製版印刷‧松霖彩色印刷有限公司

定價：新台幣320元
第一版一刷：2004年3月